CONTRATOS DE RESSEGURO

Comentários à Lei do Resseguro

*(Lei Complementar nº 126,
de 15 de janeiro de 2007)*

Luiz Bojunga
Advogado

CONTRATOS DE RESSEGURO

Comentários à Lei do Resseguro
(Lei Complementar nº 126, de 15 de janeiro de 2007)

RENOVAR
Rio de Janeiro • São Paulo • Recife
2009

Todos os direitos reservados à
LIVRARIA E EDITORA RENOVAR LTDA.
MATRIZ: Rua da Assembléia, 10/2.421 - Centro - RJ
CEP: 20011-901 - Tel.: (21) 2531-2205 - Fax: (21) 2531-2135
FILIAL RJ: Tels.: (21) 2589-1863 / 2580-8596 - Fax: (21) 2589-1962
FILIAL SP: Tel.: (11) 3104-9951 - Fax: (11) 3105-0359
FILIAL PE: Tel.: (81) 3223-4988 - Fax: (81) 3223-1176

LIVRARIA CENTRO (RJ): Tels.: (21) 2531-1316 / 2531-1338 - Fax: (21) 2531-1873
LIVRARIA IPANEMA (RJ): Tel: (21) 2287-4080 - Fax: (21) 2287-4888

www.editorarenovar.com.br   renovar@editorarenovar.com.br
SAC: 0800-221863
© 2009 by Livraria Editora Renovar Ltda.

Conselho Editorial:

Arnaldo Lopes Süssekind — Presidente
Caio Tácito (*in memoriam*)
Carlos Alberto Menezes Direito
Celso de Albuquerque Mello (*in memoriam*)
Luiz Emygdio F. da Rosa Jr.
Nadia de Araujo
Ricardo Lobo Torres
Ricardo Pereira Lira

Revisão Tipográfica: Julio Boto

Capa: Sheila Neves

Editoração Eletrônica: TopTextos Edições Gráficas Ltda.

N? 0291

CIP-Brasil. Catalogação-na-fonte
Sindicato Nacional dos Editores de Livros, RJ.

C208b	Bojunga, Luiz Edmundo Appel
	    Contratos de resseguro — Comentários à Lei do Resseguro (Lei Complementar n° 126, de 15 de janeiro de 2007) — Rio de Janeiro: Renovar, 2009.
	    197 p.; 21cm.
	
	    ISBN 978-857147-720-9
	
	    1. Direito civil. — I. Título.
	
	                                                        CDD — 346.81066

Proibida a reprodução (Lei 9.610/98)
Impresso no Brasil
Printed in Brazil

Agradecimentos

Agradeço até pelos dias de chuva e a insônia, que me ajudaram a permanecer escrevendo. Agradeço aos meus pais e sogros, que me abriram caminhos, portas e janelas. Agradeço o constante incentivo de minha companheira de todas as horas, que suportou a minha relutância e demais defeitos associados. E, finalmente, agradeço a Deus pela Vida, e ao Filho pela Salvação, bem como ao meu filho Erik: a minha maior realização.

Prefácio

A nova ordem jurídica implantada após o advento da Constituição Federal de 1988, com o redirecionamento do eixo filosófico de nosso direito, exigiu uma profunda releitura dos modelos do passado.

Os paradigmas que hoje oxigenam o direito privado repercutiram, intensamente, no oceânico mundo dos contratos, agora inspirados pelos ideais de função social e boa-fé objetiva.

A autonomia da vontade, jóia da coroa do liberalismo clássico, está hoje limitada pelo dirigismo contratual e o dogma da imutabilidade dos contratos é temperado pelas teorias revisionistas, e pelos novos institutos que visam garantir o equilíbrio de sua equação econômica.

Neste quadro de aceleradas mudanças, a exigir permanente estudo dos profissionais do direito, avulta a disciplina jurídica do contrato de seguro, que foi muito aperfeiçoado, tecnicamente, pelo novo Código Civil.

O desenvolvimento econômico de nosso país e a sofisticação de seus mercados contribuíram, finalmente, para a criação de uma "cultura do seguro", antes tão negligenciada.

A sociedade brasileira descobriu a relevância social e econômica do contrato de seguro, como fator de solidariedade e segurança, aumentando a responsabilidade dos que atuam naquele mercado.

Mas ainda restam pontos nebulosos, pouco desvendados, e que urge explorar, para que se consolidem a doutrina e a construção pretoriana.

Um deles envolve o resseguro, que foi recentemente modificado, com a quebra do monopólio, ocorrida em 2007, com o advento da Lei Complementar nº126.

Ninguém melhor do que o Prof. Luiz Bojunga para nos conduzir, com mão segura, pelos seus caminhos, em razão de sua sólida formação profissional e sua experiência adquirida no longo tempo em que trabalhou no exterior, na Suíça, onde assessorou vários grupos financeiros e resseguradoras, por mais de 15 anos.

Como era de se esperar, o seu livro, escrito em linguagem acessível e objetiva, se transformará, temos certeza, em fonte permanente e confiável de consulta e citação, para advogados, magistrados e todos os que atuam nos diversos segmentos do mercado de seguro.

Presta-nos, assim, o autor, um inestimável serviço, contribuindo de maneira relevante para a melhor compreensão do tema, o que certamente reduzirá os conflitos entre segurados e seguradoras e auxiliará na sua solução.

A leitura de tão oportuna obra doutrinária se impõe aos que militam na área do seguro, para que se informem e atualizem, o que é exigência de um mercado cada vez mais técnico e competitivo.

Na 1ª parte do livro, o autor estuda, com precisão cirúrgica, a transferência de riscos e resseguro, através das várias modalidades de contrato de resseguro, expondo-nos a complexidade e vastidão do tema.

Na segunda parte tece o Prof. Luiz Bojunga magníficos e oportunos comentários sobre a Lei do Resseguro brasileira, com uma sólida apreciação crítica.

Temos, agora, o caminho aplainado, que poderemos trilhar com confiança.

Nem precisarei desejar ao autor êxito editorial, porque o sei garantido, não só pela relevância e atualidade do tema, quanto pela notória e respeitada competência intelectual e técnica do autor.

Portanto, vamos todos à leitura!!!

Sylvio Capanema de Souza

Sumário

Introdução 1

PARTE I
  Transferência de riscos e resseguro 5

1. Transferência de riscos 5
   1.1 Transferência de riscos tradicional 6
   1.2 Transferência alternativa de riscos (TAR) 7

2. Resseguro clássico 9
   2.1 Breve histórico 9
   2.2 Formas de resseguro 10
      2.2.1 Resseguro facultativo 11
      2.2.2 Resseguro automático 11
   2.3 Tipos de resseguro 12
      2.3.1 Resseguro proporcional 12
      2.3.2 Resseguro não proporcional 13
   2.4 Contratos de resseguro clássicos proporcionais ... 13
      2.4.1 Resseguro cota-parte 14
      2.4.2 Resseguro excedente de responsabilidade ... 15
      2.4.3 Outras modalidades proporcionais 16
         2.4.3.1 Resseguro em condições originais 16
         2.4.3.2 Resseguro misto 17
         2.4.3.3 Resseguro percentual 17

2.5 Contratos de resseguro clássicos não proporcionais 18
   2.5.1 Resseguro excesso de danos 18
   2.5.2 Resseguro excesso de danos anual 20

3. Limitações da transferência de riscos tradicional 21

4. Resseguro financeiro 22
   4.1 Contrato de resseguro financeiro proporcional 24
   4.2 Contrato de resseguro financeiro de excesso de danos
      agregado prospectivo 24
   4.3 Contrato safety net 25
   4.4 Contrato de transferência de carteira de sinistros 25
   4.5 Contrato de cobertura de evolução desfavorável 26

5. Instrumentos da Transferência Alternativa de Riscos
(TAR/ART) 27
   5.1 Cativas 28
   5.2 Risco finito 30
   5.3 Produtos multilinhas e produtos plurianuais integrados 32
   5.4 Produtos de múltiplos gatilhos 32
   5.5 Capital contingente 33
   5.6 Securitização de riscos 34
      5.6.1 Cat Bonds 36
      5.6.2 Life Bonds 37
   5.7 Derivativos de seguro 38
      5.7.1 Derivativos climáticos 39
   5.8 Soluções financeiras estruturadas 40

PARTE II
   Comentários à Lei do Resseguro brasileira 43

Referências bibliográficas 123

ANEXO 1
   Decreto-Lei nº 73, de 21 de novembro de 1966 (alterado) . 127

ANEXO 2
   Resolução SUSEP nº 161, de 17 de dezembro de 2007 161

Introdução

A quebra do monopólio do resseguro no Brasil, ocorrida em 2007, gerou um crescente interesse por essa atividade econômica de transferência de riscos. Não somente as grandes empresas de infra-estrutura e as seguradoras estimam os benefícios de um mercado de resseguros aberto e competitivo. Também os profissionais de diversos campos de atividade vêem no resseguro uma nova oportunidade de negócios. Chegam ao país empresas estrangeiras, interessadas no enorme potencial de um mercado adormecido, de grandes proporções e relativa estabilidade. Contudo, muito se fala das vantagens de um mercado aberto, mais competitivo e com uma oferta de coberturas bem mais abrangente para os consumidores. Mas quem são os verdadeiros consumidores do resseguro? Quem pode se beneficiar realmente, no Brasil, com o desenvolvimento de um setor econômico que pouco interessava aos formadores de opinião e ao público em geral? Como o Brasil conseguiu manter o seu mercado de resseguros fechado durante todo o Século XX? Esse monopólio era necessário ou uma mazela transmitida de um regime de governo a outro, para preservar interesses pessoais em detrimento do desenvolvimento do país?

O presente estudo não se propõe a responder essas questões tão diretas, porém complexas no contexto das inúmeras circunstâncias em que estão inseridas. O leitor irá tirar as suas próprias conclusões. Todavia, este trabalho tem a finalidade de mostrar objetivamente o que é o resseguro, seu escopo e os seus instrumentos mais empregados. Outrossim, pretende chamar a atenção para as incontáveis possibilidades da denominada transferência alternativa de riscos, que amplia os limites do próprio resseguro tradicional. Por outro lado, o trabalho analisa os recursos utilizados pelo legislador pátrio, para conciliar variados interesses, muitas vezes antagônicos — vale dizer, para manter o controle de um mercado que se liberta.

Cabe lembrar que, no Brasil, o resseguro assume grande importância justamente num momento em que o país vive sua melhor fase econômica, posicionando-se num grupo seleto de países com economias ajustadas e de maior transparência. A própria quebra do monopólio do resseguro contribuiu para a obtenção dessa maior credibilidade mundial na economia nacional. O resseguro vem, portanto, contribuir para acelerar o desenvolvimento nacional, propiciando maior capacidade e segurança para o financiamento de grandes projetos de infra-estrutura e de modernização do país.

Há quem afirme que seguro não combina com a índole otimista do brasileiro. Essa seria uma das razões para a baixa penetração do seguro no país. Outra razão seria o alto custo das coberturas. Ambas as afirmações merecem ser examinadas com prudência. Por um lado, por mais otimista que um sujeito possa ser, a ameaça de um prejuízo econômico o torna sempre mais cauteloso. Essa cautela ou preocupação dos consumidores desenvolveu certos ramos de seguro no Brasil, como vida, automóvel, incêndio, etc., onde a demanda por coberturas básicas exigiu das seguradoras produtos comercializáveis. Relativamente ao preço das coberturas, vale lembrar que o mercado segurador brasileiro é ainda muito regulamentado. Desse modo, o futuro do seguro e do resseguro no Brasil dependerá de uma maior oferta de coberturas e de uma maior liberdade para a diferenciação de produtos, gerando maior concorrência no mercado. Isso deverá aumentar com a abertura do mercado do resseguro e com a maior facilidade de contratação de seguros no exterior.

O presente trabalho foi dividido em duas partes. Na primeira, procura dar uma visão geral do resseguro tradicional e de alguns novos instrumentos que o substituem ou que o complementam, na complexa tarefa da transferência de riscos. A extensão do tema impede neste trabalho uma apresentação mais aprofundada de cada modalidade contratual. Por outro lado, na segunda parte deste estudo, a recente Lei do Resseguro, por ser tão nova, ainda carece de regulamentações e está, pouco a pouco, sendo testada pelo mercado. Faltam ainda experiências e resultados concretos decorrentes da aplicação da lei. Entretanto, espera-se que as limitações de espaço de um livro e de experiências desse novo mercado de resseguros aberto não comprometam o objetivo principal do presente estudo, qual seja, fornecer um guia de fácil consulta sobre o vigente Direito do Resseguro brasileiro.

PARTE I

Transferência de riscos e resseguro

1. Transferência de riscos

O risco é uma ameaça ou a possibilidade de realização de algum perigo. O risco causa uma sensação de desconforto, que nos impele a buscar soluções para eliminá-lo ou reduzi-lo. Os riscos foram um fator determinante no desenvolvimento da espécie humana e no estabelecimento da sociedade organizada, que busca continuamente segurança e previsibilidade. O sedentarismo dos primeiros povos foi também uma conseqüência da constante ameaça de escassez de alimentos. Todavia, ainda no período nômade, o desenvolvimento das ferramentas de defesa — armamento para a eliminação ou diminuição de perigos — constituiu um passo fundamental no processo evolutivo da mente humana. Da autodefesa às formas contemporâneas de seguro, foram necessários séculos de observação e sofrimento.

O seguro desempenha um papel fundamental na sociedade moderna. É difícil determinar se a cultura do seguro torna uma sociedade mais desenvolvida ou se esta, por ser mais desenvolvida, busca maior proteção de seguro. Quando observamos os países mais desenvolvidos, vemos que apresentam também os mercados seguradores mais pujantes. Pode ser uma coincidência, mas também decorrência de o desenvolvimento – ou o investimento produtivo — só ocorrer onde existe estabilidade e segurança.

Uma das finalidades básicas do seguro é repartir riscos entre uma comunidade de pessoas: os segurados. Desse modo, presume-se que apenas uma pequena parcela desses segurados sofrerá a realização dos riscos. No entanto, quando algum fator ameaçar a aplicação dessa Lei dos Grandes Números[1], por exemplo, uma concentração excessiva de riscos em determinada região geográfica, a possível ocorrência de eventos danosos de dimensões vultosas, etc., torna-se necessária a adoção de alguma medida suplementar para a transferência dos riscos. Esta é uma das finalidades precípuas do resseguro. Contudo, frente à crescente ocorrência de catástrofes naturais de dimensões impressionantes, mesmo o resseguro padece de limites de capacidade, tornando necessária a criação de formas alternativas de transferência de riscos, como será visto no decorrer deste estudo.

1.1. Transferência de riscos tradicional

Pode ser definida como a transferência de um risco ou parte dele a um terceiro. A operação baseia-se em diversas análises, sendo o seguro a sua principal modalidade. Vale lembrar que a referida transferência refere-se aos efeitos econômicos do risco, já que os riscos em sua essência — o bem material ou a responsabilidade — normalmente, não podem ser transferidos. Vale dizer, o seguro não pode evitar a realização do dano ao bem segurado, mas pode indenizar o prejuízo, possibilitando a sua reparação ou substituição. Do mesmo modo, a cobertura de vida não pode

---

1 O matemático suíço Jakob Bernoulli (1654 – 1705) formulou essa regra de probabilidade de forma tão simples, que qualquer pessoa de sua época podia intuir a sua veracidade. A Lei dos Grandes Números é um conceito básico de probabilidade, segundo o qual se um evento de certa probabilidade de ocorrência é observado repetidamente, durante várias repetições, a razão da freqüência deste evento para o total do numero de repetições concorre para essa probabilidade de ocorrência, conforme aumenta o numero de repetições.

evitar a morte do segurado, mas compensar os efeitos econômicos da partida do ente segurado.

A transferência de riscos vale-se de uma outra ciência, qual seja, a gerência de riscos; um conjunto de técnicas voltadas à correta mensuração dos perigos. A gerência de riscos estabelece diversas estratégias para tratar dos riscos — transferindo-os ou outorgando coberturas de seguro, bem como fornece indicações para a constituição de provisões e, principalmente, para a prevenção de perdas.

1.2 Transferência alternativa de riscos (TAR)

Constitui uma alternativa ao resseguro clássico e ao resseguro financeiro (cobertura de resultados operacionais e comerciais). Dentre as formas básicas de TAR, que abordaremos no decorrer deste estudo, encontramos as cativas, as soluções de resseguro de risco finito e a securitização de riscos.

Os mercados de TAR/ART (*Alternative Risk Transfer*) ou de financiamento alternativo de riscos (*Alternative Risk Financing*) encontram-se em uma zona limítrofe entre o resseguro clássico e as operações bancárias. A TAR foi surgindo para fazer frente a riscos muito grandes, dificilmente cobertos pela capacidade da indústria (re)seguradora internacional. Por outro lado, as formas tradicionais de resseguro não oferecem a mesma eficiência financeira dos instrumentos de TAR, contudo, são ainda amplamente utilizadas nos denominados riscos-padrão e naqueles bem conhecidos ou com experiência de sinistralidade já estabelecida.

Os produtos de TAR são verdadeiros instrumentos financeiros, todavia com características de seguro, pois se destinam a controlar riscos, através de mecanismos de equilíbrio, derivados da referida Lei dos Grandes Números. Nessas operações, o risco do cliente é transferido a um segurador – geralmente seguradoras cativas[2]. Normalmente, os riscos transferidos não seriam cobertos pelo mercado de seguros tradicional ou, se fossem, o custo da cobertura seria bem expressivo e pouco competitivo. Através da TAR é possível cobrir também riscos financeiros. O portador dos riscos poderá ser alguma instituição do mercado de capitais e não uma seguradora, sujeita a regras diferentes de supervisão e controle.

O mercado de TAR exige profundos conhecimentos técnicos de seguro e resseguro. As companhias seguradoras que nele operam necessitam de extrema solidez que, por outro lado, poderá ser garantida por companhias resseguradoras profissionais. Dessa forma, o resseguro desenvolveu uma solução para aqueles riscos que se tornaram intransferíveis pelo modo tradicional, contudo permanece como garantidor final de todo o sistema de TAR. A discrepância entre os valores econômicos e aqueles seguráveis, as oscilações dos preços das coberturas e as limitações de capacidade dos resseguradores impulsionaram a criação de novos métodos de transferência de risco, valendo-se da capacidade inesgotável do mercado financeiro internacional.

O termo "transferência alternativa de riscos" está sendo rapidamente substituído pela expressão "financiamento alternativo de riscos" (FAR), principalmente em decorrência da natureza das próprias operações. A crescente necessidade de cobertura de grandes e complexos projetos de infra-estrutura, de catástrofes naturais e de novos riscos, muitos deles ainda latentes ou imperceptíveis (danos ecológicos ainda não constatados, contaminação por novas tecnologias, etc.), tem levado as companhias resseguradoras a se associarem a bancos de investimento, para financiar a cobertura de tais riscos junto ao mercado de capitais.

---

2 As cativas são seguradoras que pertencem a um grupo empresarial e que subscrevem exclusiva ou primordialmente riscos das empresas pertencentes a tal grupo. Dessa forma, as grandes corporações diminuem seus custos de distribuição de coberturas e, por outro lado, mantêm o controle de seus próprios riscos. Através da cativa, as empresas podem fazer negócios diretamente com resseguradores internacionais, recebendo deles uma significativa capacidade. As cativas normalmente são constituídas em jurisdições que oferecem benefícios fiscais e facilidades em termos de fluxos de capital.

2. Resseguro Clássico

O resseguro é a cobertura dos riscos assumidos pelo segurador. Como será visto na parte relativa ao resseguro financeiro, nem sempre os riscos do segurador se restringem à cobertura de riscos que lhe foram transferidos pelos segurados. Por conseguinte, o resseguro não é o "seguro do seguro", mas o "seguro de um segurador". O fundamento da atividade resseguradora é o mesmo da indústria do seguro: a Lei dos Grandes Números.

O resseguro moderno originou-se da acumulação de riscos gerados pelo processo de industrialização da sociedade. Antes do estabelecimento das resseguradoras profissionais, as próprias seguradoras celebravam entre elas contratos de resseguro, nos moldes do que ocorreu durante décadas com o co-seguro no Brasil.

2.1 Breve histórico

O primeiro acordo de resseguro documentado ocorreu em Gênova, na Itália, em 12 de julho de 1370. Redigido em latim, tratava de um transporte marítimo de mercadorias entre Gênova e Sluis, em Flandres (uma das três regiões da Bélgica). Nele, um segurador transferia a outro segurador os riscos do trecho mais arriscado da viagem, a partir de Cádiz, na Espanha.[3] A partir de então se tornou praxe ressegurar pelo menos parte dos riscos envolvidos no comércio marítimo internacional. Há ainda uma referência indireta ao resseguro nas Ordenações de Luiz XIV, da França, publicadas em 1681, e numa lei inglesa de 1746, que proibia o resseguro marítimo, salvo em caso de insolvência, falência ou morte do segurador. Apenas a partir de 1778 há referência a resseguros de incêndio.[4]

---

3 DI GROPELLO, Giulio. Princípios da técnica de resseguro: resseguro financeiro e derivativos em resseguro, p. 24.
4 SWISS RE. O resseguro dos ramos elementares. 2. ed., p. 31.

O marco inicial do resseguro moderno parece ter sido a fundação da primeira resseguradora profissional — a Kölnische Rück — na Alemanha, em 1846 (início das operações em 1852). A empresa foi fundada sob a influência de um grande incêndio, ocorrido em Hamburgo, em 1842. Tal sinistro, de proporções catastróficas, extrapolou os recursos da caixa mútua de proteção contra incêndios da cidade, demonstrando cabalmente a necessidade do estabelecimento de mecanismos mais eficientes para a repartição de grandes riscos. A partir de então foram sendo fundadas novas companhias resseguradoras, inclusive as duas maiores atualmente: Swiss Re (1863) e Munich Re (1880).

No Século XX foram fundadas inúmeras resseguradoras profissionais em diversos países. Na última década, observou-se um acentuado processo de consolidação, quando algumas resseguradoras, até mesmo de médio porte, foram incorporadas pelos grandes grupos resseguradores mundiais[5]. Atualmente, há uma tendência de concentração das empresas em seu negócio principal, isto é, em coberturas de resseguro. Outra tendência atual é a especialização das resseguradoras em ramos e produtos cada vez mais sofisticados, por parte da própria matriz ou mesmo mediante o estabelecimento de subsidiárias.

2.2. Formas de resseguro

O resseguro é necessário para limitar flutuações anuais de sinistros a cargo do segurador, assim como para reduzir sua exposição a riscos catastróficos, tanto decorrentes de apólices de seus

---

[5] No final de 2005, a Swiss Re incorporou a Employers Re, através da aquisição da GE Insurance Solutions, tornando-se assim a maior resseguradora do mundo, tanto em termos de diversificação geográfica como também em volume de prêmios brutos. Recentemente, a General Re (a maior resseguradora norte-americana) adquiriu a National Re. Ainda em 2008, a SCOR deverá finalizar a aquisição da Converium Re e a Munich Re pretende incorporar a American Re.

segurados como também de seus próprios resultados operacionais e financeiros. Através do resseguro, os seguradores cedem parte dos riscos assumidos ou próprios, que excedem à sua capacidade ou que desejam repartir com outros agentes do mercado. O contrato de resseguro é um contrato celebrado entre empresas profissionais, não estando sujeito às relações de consumo. As relações entre as partes de um contrato de resseguro, ou seja, entre os seguradores e os resseguradores, devem ser caracterizadas pelo princípio da *uberrima fides*, isto é, a máxima boa-fé. Dentre as formas de resseguro, dependendo do objetivo e finalidade da operação, podemos inicialmente dividir o resseguro em facultativo ou automático.

2.2.1. Resseguro facultativo

O resseguro facultativo é aquele que outorga cobertura a riscos individuais. Constitui a forma mais antiga de resseguro. Nela, o segurador oferece um risco ou parte dele a um ressegurador, que tem a faculdade de aceitar ou recusar a oferta. A proposta do segurador deverá conter todas as informações relativas ao risco oferecido, que será analisado pelo ressegurador, para aceitação ou recusa. O resseguro facultativo é também utilizado em conjuntos de contratos (programas de resseguro), para cobrir a parte do risco que excede à retenção da seguradora em algum contrato de resseguro subjacente.

2.2.2 Resseguro automático

Nessa forma de resseguro, a cobertura é outorgada a uma carteira de riscos previamente definidos contratualmente. É um tipo de cobertura para riscos agrupados em carteiras de ramos ou produtos de seguro. Também conhecido como resseguro obrigatório, pela impossibilidade de o ressegurador recusar riscos individuais e pela obrigação da seguradora de ceder a parcela convencionada de todos os riscos que ingressem na carteira previamente definida no contrato de resseguro. Muitas vezes, essa forma de resseguro apresenta contratos plurianuais ou de renovação automática, porém normalmente prevê rescisões anuais e reintegrações de cobertura.

2.3 Tipos de resseguro

Além de facultativo ou automático, o resseguro poderá ser proporcional ou não-proporcional, conforme as obrigações das partes estejam ou não relacionadas a elementos das apólices de seguro subjacentes, ou seja, aos respectivos prêmios e sinistros. No Brasil, a Resolução CNSP 188/08 define o resseguro proporcional como aquele no qual a cedente transfere ao ressegurador um percentual das responsabilidades que assumiu (art. 2º, I); e não proporcional será qualquer resseguro que não seja classificado como resseguro proporcional (art. 2º, II).

2.3.1 Resseguro proporcional

Neste tipo de resseguro, os prêmios e os sinistros são divididos entre as partes do contrato (ressegurador(es) e segurador(es)) conforme uma proporção previamente estipulada. Dependendo da modalidade contratual (ver 2.4 e seguintes), a proporção se aplica de modo idêntico a todos os riscos da carteira ressegurada (contrato cota-parte), ou pode variar dependendo do risco (demais contratos de resseguro proporcional). O preço do contrato de resseguro proporcional estará expresso na comissão de resseguro, que o ressegurador paga à seguradora cedente. Essa comissão destinava-se a cobrir os custos do segurador. Atualmente, é calculada levando em consideração aspectos de mercado, e a diferença em relação à receita de prêmio original constituirá o preço do resseguro proporcional. Vale dizer, a título de exemplo, que em uma carteira ressegurada, cuja receita de prêmio original foi de 20 milhões, porém a sinistralidade foi de 12 milhões e a participação do ressegurador era de 70%, o ressegurador que pretendia um lucro de 10% (840 mil), e arcara com 8,4 milhões em sinistros (70% de 12 milhões), pagará à seguradora uma comissão de resseguro de 4,76 milhões, isto é, 14 milhões (70% do prêmio original) menos 8,4 milhões (sinistros) e menos 840 mil (resultado do contrato de resseguro).

2.3.2 Resseguro não proporcional

Neste tipo de resseguro, não há uma proporção fixa, previamente definida, repartindo prêmios e sinistros entre as partes contratuais. Será estipulada no contrato de resseguro uma carga sinistral exclusivamente a cargo do segurador (prioridade). O ressegurador assume a carga sinistral que vier a exceder à prioridade, porém até um limite de cobertura previamente convencionado no contrato de resseguro. O prêmio de resseguro é calculado conforme a sinistralidade da carteira de riscos da seguradora, isto é, através de tarifação por experiência (observação da evolução da sinistralidade nos últimos anos) e de tarifação levando em conta as características próprias dos riscos que serão abrangidos pelo resseguro.

2.4 Contratos de resseguro clássicos proporcionais

Esses contratos vêm sendo adotados pelas resseguradoras internacionais desde o início do Século XX. A denominação "contratos clássicos" aqui empregada tem a finalidade de distingui-los de instrumentos da transferência alternativa de riscos, cujos contratos possuem feições mutantes ou em consonância com os objetivos de uma determinada operação.

2.4.1 Resseguro cota-parte

É a modalidade contratual mais simples e econômica, porém desconsidera aspectos específicos dos riscos da carteira do segurador, não contribuindo para torná-la mais homogênea. Nessa modalidade contratual, será convencionado um percentual fixo (cota) de resseguro, que se aplicará a todas as apólices existentes e futuras de certa carteira ou ramo de seguro de um segurador. O percentual da cota determinará a repartição das responsabilidades, dos prêmios e dos sinistros.

Desse modo, por exemplo, uma seguradora celebra um contrato de resseguro por cota-parte para todos os riscos de sua carteira de automóveis. A retenção da seguradora é de 30% e a garantia do resseguro se estenderá aos demais 70% dos riscos. Por conseguinte, o ressegurador receberá 70% dos prêmios (descontadas as comissões) e pagará 70% dos sinistros dos riscos cedidos. Vale lembrar que nessa modalidade contratual o ressegurador e a seguradora não poderão escolher riscos, quando os mesmos estiverem dentro dos limites previamente estipulados pelas partes no contrato de resseguro. Todo risco que não estiver nos limites estipulados, deverá ser ressegurado separadamente, de forma facultativa.

Outro aspecto importante a ressaltar nos contratos por cota-parte é a tendência de se proibir que o segurador possa, através de outro contrato, ressegurar a sua retenção. Essa condição contratual pretende impedir que a seguradora subscreva riscos inadequados, que seriam cedidos ao resseguro, pois mesmo a parcela de retenção da seguradora também estaria protegida por um outro resseguro facultativo.

Uma outra possibilidade encontrável em negócios por cota-parte é uma modalidade de contrato variável, através do qual a cota cedida varia conforme o montante do risco. Por exemplo, se os riscos da carteira tiverem uma importância segurada até 200, a cessão será de 30%. No entanto, se algum risco for superior a 200, a cota cedida para este risco aumenta para 80%. Essa modalidade contratual é pouco interessante aos resseguradores, pois permite ao segurador escolher riscos, cedendo menos prêmio relativo ao conjunto de riscos menores, onde há menor flutuação de sinistralidade. Por outro lado, para uma cedente, o contrato cota-parte variável permite uma maior homogeneidade dos riscos da carteira, pois limita sobremaneira os riscos de valor mais elevado.

2.4.2 Resseguro excedente de responsabilidade

Nesta modalidade contratual de resseguro, a proporcionalidade ocorre por risco, a qual é determinante para a distribuição entre as partes contratuais das responsabilidades, dos prêmios e dos sinistros. No resseguro excedente de responsabilidade não há participação do ressegurador em todos os riscos, mas sim apenas naqueles riscos que ultrapassem uma determinada importância máxima: a retenção da seguradora cedente ou o denominado pleno. Essa retenção ou pleno poderá variar, conforme o tipo de risco. A obrigação do ressegurador de aceitar riscos estará limitada em valor, conforme o número de plenos — que são múltiplos da retenção da cedente — também denominados excedentes.

O contrato de excedente de responsabilidade é um excelente instrumento para equilibrar carteiras com riscos bem diversos, entretanto demanda uma trabalhosa administração. Para exemplificar a operação, tomemos uma carteira de automóveis, com riscos de 20 mil a 500 mil. A retenção ou pleno da seguradora é de 50 mil e o resseguro é de cinco plenos. Cada risco de valor inferior ao pleno será de inteira responsabilidade da cedente. O ressegurador recebe as partes dos riscos que excederem ao pleno, até o limite de cinco plenos (250 mil) acima da retenção. A parte descoberta de 200 mil, nos riscos de 500 mil, poderá ser ressegurada fora do contrato, por exemplo, mediante uma cessão em resseguro facultativo.

A proporcionalidade do contrato de excedente de responsabilidade decorre de um percentual entre o ressegurador e a cedente, calculado para cada risco. Em caso de sinistro, a parte a cargo do ressegurador será calculada com base no mesmo percentual estabelecido para a cessão do risco e do prêmio. No nosso exemplo, um risco de 500 mil implicaria 10% do contrato a cargo da cedente (pleno de 50 mil) e 50% a cargo do ressegurador (250 mil = metade da importância segurada). Nessa proporção seriam repartidos então prêmio e sinistro. A parcela restante (40% da importância segurada) poderia ser coberta por resseguro facultativo ou se somaria à parcela de retenção a cargo da cedente.

2.4.3 Outras modalidades proporcionais

O resseguro proporcional é aquele no qual o percentual do prêmio do negócio original (cobertura de seguro) recebido pelo ressegurador equivale ao percentual que este pagará nos sinistros pertinentes. Além do contrato cota-parte e do excedente de responsabilidade, vistos acima, podemos ainda encontrar o resseguro em condições originais, o resseguro misto e o resseguro percentual.

2.4.3.1 Resseguro em condições originais

Essa modalidade contratual tem pouca utilidade prática, uma vez que o ressegurador assume integralmente o negócio realizado pela seguradora com o segurado, nas mesmas bases contratadas na apólice de seguro. Não há repartição proporcional de responsabilidades, prêmios e sinistros, como ocorre nas demais modalidades de resseguro proporcional, mas mera transferência integral ao ressegurador dos direitos e obrigações do negócio original, sem que o ressegurador mantenha qualquer vínculo obrigacional com o segurado. A relação contratual de resseguro se estabelece tão-somente entre a cedente e o ressegurador, que, no entanto, arcará com todas as responsabilidades estabelecidas na apólice de seguro. Nesta modalidade de resseguro, o ressegurador se obriga a constituir as mesmas provisões da cedente. Essa modalidade contratual, com algumas adaptações, também pode ser utilizada como instrumento de TAR, pois a aquisição do negócio da seguradora pode ter a finalidade de financiar a carteira, liberando capacidade para a subscrição de outros riscos ou ramos por parte da cedente (ver 4.1 abaixo).

2.4.3.2 Resseguro misto

O resseguro misto combina modalidades diversas de resseguro. Na Europa é conhecido por resseguro misto de cota-parte e de excedentes[6]. O resseguro misto proporcional propicia combinar a simplicidade de uma operação cota-parte com a possibilidade de incluir riscos específicos, que pela elevada importância segurada ficariam fora do contrato. A modalidade contratual permite, portanto, uma cobertura de excedentes para os riscos que não se enquadram no padrão estabelecido para a carteira ressegurada em cota-parte.

2.4.3.3 Resseguro percentual

O resseguro percentual proporcional é um contrato elaborado nos moldes de um contrato de excedente de responsabilidade, porém que estabelece um percentual fixo aplicado a todos os riscos. Não deve ser confundido com a modalidade contratual de cota-parte, onde o percentual ajustado se aplica a todos os riscos, em resseguro automático, de uma carteira ou ramo de seguro. No resseguro percentual, a taxa de resseguro se aplica a riscos específicos, que poderiam ser ressegurados também de forma facultativa.

---

6   IRB BRASIL RE. *Dicionário de seguros*. 2. ed., p. 102.

2.5 Contratos de resseguro clássicos não proporcionais

Os contratos de resseguro não proporcionais são relativamente recentes; seu desenvolvimento passou a ocorrer, praticamente, a partir da década de 70. Neles, a sinistralidade é considerada globalmente, sendo determinante para o estabelecimento da responsabilidade do ressegurador. Como visto anteriormente — nos contratos proporcionais — o aspecto determinante era a importância segurada e não a sinistralidade. Já nos contratos não proporcionais, o segurador assumirá todos os sinistros da carteira ou do ramo convencionado, até um determinado limite (prioridade). Acima de tal prioridade, a responsabilidade será exclusivamente do ressegurador, também até o limite da cobertura de resseguro, independentemente do montante da importância segurada na apólice.

2.5.1 Resseguro excesso de danos

Esta modalidade contratual pode ser subdividida em excesso de danos por risco (*WXL-R*), excesso de danos por evento (*WXL-E*) e excesso de danos catástrofe (*Cat. XL*). Tais modalidades prevêm que o ressegurador deverá pagar todos os sinistros que superarem um determinado limite (retenção ou prioridade), relativamente a um único risco, evento ou montante. Esse contrato de resseguro estabelece ainda um limite de cobertura, acima do qual não haverá mais qualquer responsabilidade por parte da companhia resseguradora. Os contratos de excesso de danos poderão ser realizados de forma facultativa ou automática.

Os contratos de excesso de danos celebrados em resseguro automático recebem também a denominação de cobertura operativa (*working cover*)[7], que poderá ser por risco ou por evento.

---

7 DI GROPELLO, Giulio. Princípios da técnica de resseguro: resseguro financeiro e derivativos em resseguro, p. 108.

Tais contratos não proporcionais poderão integrar um programa de resseguro, no qual contratos proporcionais subjacentes estarão cobertos por contratos não proporcionais. Vale dizer, em uma carteira ressegurada de forma proporcional, por exemplo, em cota-parte, certos riscos não homogêneos, que impliquem em uma retenção muita alta por parte da cedente, poderão ser ressegurados de forma não proporcional, mediante um contrato suplementar de excesso de danos por risco.

Desse modo, por exemplo, se a retenção de uma cedente no contrato cota-parte, em certos riscos, puder chegar a 300 mil ou mais, o que para ela seria muito, poderá adquirir um contrato de excesso de danos por risco, por exemplo, com limite de cobertura de 200 mil em excesso a uma prioridade de 100 mil. Em tais contratos, esses limites de cobertura são denominados faixas (*layers*), que poderão ser superpostas e acionadas separadamente. Em nosso exemplo, se o sinistro do risco fosse superior a 300 mil, poderia haver ainda uma segunda faixa de cobertura prevendo 500 mil em excesso de 300 mil (prioridade + primeira faixa).

O resseguro excesso de danos por risco comporta ainda uma limitação adicional por evento, para enfrentar o problema da acumulação de riscos. Desse modo, limita-se a exposição do ressegurador, que poderia ter de pagar uma mesma faixa várias vezes (relativa a vários riscos), se, por suposição, diversos riscos fossem atingidos simultaneamente por um mesmo evento. Tal limite adicional por evento não se confunde com a cobertura de resseguro excesso de danos por evento (WXL-E). Nesta, a prioridade da cedente refere-se a um evento (sinistro), não importando o número de riscos envolvidos. Nesses tipos de cobertura, torna-se fundamental uma clara definição (redação da cláusula) do evento, que irá acionar a cobertura.

O resseguro excesso de danos catástrofe (Cat.XL) tem a finalidade de dar cobertura a acúmulos de riscos sujeitos a algum evento catastrófico, que ocasione inúmeras perdas simultâneas. Nessa cobertura, a prioridade normalmente elevada e o limite do contrato são fixados em valores monetários. Freqüentemente, há também a participação da cedente em todos os sinistros que forem pagos pelo ressegurador, após o acionamento da cobertura. Nesses contratos de excesso de danos catástrofe, além da exata definição do evento, torna-se necessária também a fixação de seu período de duração. A denominada cláusula de horas estipula um período de tempo durante o qual os sinistros serão somados e aplicados à prioridade e ao limite da cobertura de resseguro. Os contratos Cat. XL poderão ser reintegrados mediante prêmio adicional, após a ocorrência de algum evento catastrófico que tenha acionado a cobertura.

2.5.2 *Resseguro excesso de danos anual*

Também conhecido como resseguro excesso de sinistralidade (*Stop Loss*) ou como resseguro excesso de danos no agregado[8]. Normalmente, estabelece um índice de sinistralidade, acima do qual a cobertura de resseguro será acionada. O denominado contrato de excesso de danos no agregado (*Agregate XL*) estabelece um valor monetário, ao invés de um percentual, normalmente empregado no resseguro excesso de sinistralidade. A finalidade dessas coberturas é proteger o resultado anual de ramos de seguro explorados pela cedente frente a algum desvio negativo na taxa de sinistralidade. A cobertura de resseguro excesso de danos anual tem um preço elevado, mas se justifica em mercados ou ramos ainda pouco conhecidos pela seguradora, assim como para cobrir flutuações inesperadas na freqüência dos sinistros.

Outra modalidade de contrato de resseguro para proteger resultados de seguradoras cedentes é a cobertura de excesso de danos global (*Umbrella XL*). Através desse contrato, ressegura-se a retenção líquida global de uma cedente (contratos facultati-

---

8 INSURANCE INSTITUTE OF AMERICA. Princípios de Resseguro. v. 1, p. 162.

vos, proporcionais e não proporcionais) em um ou mais ramos de seguro[9]. Sua finalidade é proteger um sinistro líquido global produzido por um mesmo evento de ramos de seguro abrangidos pelo contrato. Se existirem outras coberturas não proporcionais para os ramos atingidos, tais contratos serão acionados primeiramente, para que possa então ser calculada a perda líquida definitiva no sinistro, que poderá ou não, por fim, acionar a cobertura de excesso de danos global.

3. Limitações da transferência de riscos tradicional

Há uma série de fatores que poderão limitar a transferência de riscos nos moldes tradicionais, isto é, mediante seguro, resseguro ou retrocessão. Dentre outros fatores, podemos citar as características economico-financeiras dos riscos, as restrições legais do país onde se encontre o risco, bem como inúmeros outros aspectos circunstanciais relativos ao próprio negócio a ser realizado.

Atualmente, o principal aspecto a dificultar a transferência de riscos tradicional é o crescente valor dos riscos (re)seguráveis e suas acumulações em locais também cada vez mais expostos. Por outro lado, o alto preço dessas coberturas também ocasiona um perigoso jogo de ganha ou perde, que as partes contratantes prefeririam evitar. O que elas buscam, ao contrário, é uma operação que possa propiciar vantagens para todos os envolvidos, com o menor grau de exposição possível.

Desse modo, a operação de transferência de riscos tradicional — tecnicamente – vem perdendo viabilidade econômica, impondo preços muito caros para a maior parte das coberturas oferecidas e buscadas no mercado. Nos últimos anos, o adequado investimento dos capitais envolvidos nas operações de transfe-

---

[9] DI GROPELLO, Giulio. Princípios da técnica de resseguro: resseguro financeiro e derivativos em resseguro, p. 125.

rência de riscos tem mantido os preços das coberturas ainda em patamares suportáveis. Todavia, frente a uma baixa remuneração do capital aplicado no mercado financeiro, o preço real das coberturas tornar-se-ia insuportável, tanto para os resultados das empresas envolvidas como para os próprios segurados. As características dos riscos em certos lugares, muitas vezes, tornam sua transferência injustificável, obrigando o proponente do seguro a efetuar um auto-seguro. Vale lembrar o caso de certos veículos ou computadores portáteis, que não justificam a aquisição de um seguro de roubo, pois o preço dessa cobertura é tão alto em certos países, com altos índices de sinistralidade, que em determinados casos não valeria a pena adquiri-la.

Outro aspecto a considerar é a limitação de capacidade da indústria do (re)seguro. O aumento da demanda por coberturas pode esgotar a capacidade da atividade (re)seguradora, inicialmente em certos ramos ou produtos; posteriormente, em todo o mercado, mesmo com aumento de preços por pressão da demanda. Por outro lado, as restrições legais ou uma excessiva regulamentação das atividades da indústria do (re)seguro poderão inibir o oferecimento de produtos ou limitar aqueles já existentes no mercado. Além disso, o regime fiscal de um país, bem como a sua situação inflacionária, condicionam a oferta de certos produtos de cobertura de riscos. Igualmente, a jurisprudência de certos locais poderá também inviabilizar determinadas coberturas, obrigando o estabelecimento de mecanismos alternativos para a transferência dos riscos.

4 Resseguro financeiro

Conforme visto, as seguradoras podem transferir a resseguradores os seus riscos de apólices seguradas, evitando arcarem sozinhas com conseqüências adversas de uma evolução de sinistralidade inesperada. Entretanto, uma companhia seguradora, como empreendimento comercial, também necessita de seguro para, por exemplo, reduzir a sua exposição a grandes flutuações financeiras ou a bruscas quedas de lucro, que poderiam comprometer a sua solidez, a sua solvência e a sua própria sobrevivência. Desse modo, surgiram no final do século passado alguns contratos de resseguro financeiro, desvinculados das apólices subscritas pelas seguradoras, todavia, constituindo verdadeiras apólices de seguro para as seguradoras.

Os contratos de resseguro financeiro, muitas vezes, podem ser vistos como instrumentos da TAR, pois não se encaixam nos modelos clássicos de resseguro proporcional e não proporcional, já mencionados. Basicamente, os contratos de resseguro financeiro podem ser prospectivos ou retrospectivos, dependendo de o seu conteúdo disciplinar alguma atividade futura da seguradora (prospectivo) ou pretérita (retrospectivo).

Dentre os contratos de resseguro financeiro prospectivos típicos encontramos o financeiro proporcional, o de excesso de danos agregado prospectivo e o *safety net*. Aqueles tipicamente retrospectivos são o contrato de transferência de carteira de sinistros, o de evolução desfavorável e uma apólice do mercado londrino, denominada *time and distance*[10].

Vale salientar que a denominação dada a operações e contratos poderá variar, visto que algumas resseguradoras criam produtos próprios, que se transformam em marcas registradas, para satisfazer determinadas operações e objetivos de algumas ceden-

---

10 A cobertura *time and distance* merece referência por ter sido, talvez, a primeira forma padronizada de resseguro de risco finito, ao prever uma remuneração (juros) das provisões de sinistros. Desse modo, os valores nominais eram atualizados e o ressegurador obrigava-se a indenizar sinistros conforme um plano previamente estabelecido, quando a sinistralidade fosse maior que a esperada. Por outro lado, o prêmio pago pelo ressegurado correspondia ao valor atualizado das recuperações do resseguro. Por se tratar de contrato com diminuto componente de transferência de risco, deixou de ser utilizado em jurisdições que não o reconhecem como (re)seguro e, conseqüentemente, não permitem que possa ser assim considerado nos balanços das empresas.

tes. Por conseguinte, antes de definir e dar nome a qualquer dessas operações sofisticadas, é necessário conhecê-las e examiná-las cuidadosamente[11].

4.1. Contrato de resseguro financeiro proporcional (Financial Quota Share)

Este contrato tem a finalidade de transferir da cedente ao ressegurador a provisão de prêmios não ganhos, mediante o pagamento de uma comissão à cedente. O ressegurador assume os futuros sinistros relativos aos prêmios cedidos. O ressegurador poderá limitar a sua responsabilidade no contrato de resseguro, estabelecendo limites máximos e mínimos para o coeficiente de sinistralidade, assim como franquias e limites agregados. Ao assumir a carteira de prêmios não ganhos da cedente, o ressegurador estará financiando a cedente, que poderá incrementar a sua subscrição e receita de prêmios futura. Por outro lado, o ressegurador assume o risco de variação da sinistralidade. O contrato de resseguro se tornará lucrativo para o ressegurador apenas se a sinistralidade evoluir negativamente.

4.2 Contrato de resseguro financeiro de excesso de danos agregado prospectivo (Spread Loss)

Sua finalidade é estabilizar os resultados da cedente, mediante uma administração de seus fluxos de caixa. Através dessa modalidade contratual de resseguro, normalmente plurianual, o ressegurador obriga-se a pagar sinistros futuros contra uma remuneração calculada de acordo com a futura receita de prêmios.

---

11 Para facilitar o entendimento, a grafia original em inglês encontra-se ao lado da denominação sugerida ou utilizada em mercados de língua portuguesa.

Os prêmios e o resultado de seu investimento vão sendo aplicados em um fundo, que cobrirá os sinistros que eventualmente venham a ocorrer. Os prêmios e a remuneração dos mesmos, quando não consumidos por sinistros, reverterão para a cedente. Por outro lado, o ressegurador assume um risco de crédito, relativo à futura receita de prêmios da cedente e seu volume distribuído no tempo, em relação aos sinistros que forem sendo pagos. O ressegurador assume ainda o risco relativo aos rendimentos da receita de prêmios investida, estimados no início do contrato de resseguro financeiro. Ao final do período do contrato plurianual, há um encontro de contas e a parte devedora (seguradora ou ressegurador) pagará à outra a diferença existente. Esse tipo de operação é indicado para ramos de seguro com risco técnico bem limitado (sinistralidade bem conhecida). Oferece ao segurador liquidez e capacidade adicional propiciadas pelo ressegurador.

4.3 Contrato safety net

Esta modalidade contratual tem a finalidade de outorgar cobertura a todas as exposições líquidas de retenções[12] dos programas de resseguro de uma seguradora. O contrato de resseguro *safety net* protege o segurador "contra o excesso do acúmulo de retenções, garantindo, desta maneira, os próprios lucros".[13]

4.4 Contrato de transferência de carteira de sinistros (Loss Portfolio Transfer)

Este contrato transfere a carteira de sinistros (provisões de sinistros a liquidar) ao ressegurador (eventualmente, também a

---

12 Exposição líquida em uma retenção significa a exposição total da seguradora na respectiva retenção.
13 DI GROPELLO, Giulio. Princípios da técnica de resseguro: resseguro financeiro e derivativos em resseguro, p. 159.

provisão IBNR[14] – ver abaixo 4.5), mediante o pagamento de um prêmio em dinheiro, correspondente ao valor atualizado das provisões, custos administrativos, remuneração do capital e lucro. O ressegurador assume os sinistros ainda não liquidados, relativos às provisões transferidas e poderá limitar a sua responsabilidade estabelecendo um limite máximo de indenização, em valor fixo ou em percentual de sinistros que forem liquidados. Poderá prever também franquias e, eventualmente, até mesmo um prêmio adicional, em caso de sinistralidade acima de certo limite convencionado.

Por outro lado, transferindo o passivo representado pela carteira de sinistros a liquidar, a seguradora aumenta o seu capital próprio. Desse modo, aumenta também a sua capacidade de subscrição. O ressegurador, por sua vez, terá lucro na operação quando os sinistros liquidados apresentarem valor inferior à expectativa, e quando obtiver também bons rendimentos nos investimentos das provisões que lhe tiverem sido transferidas. A operação é especialmente indicada para uma seguradora que deseja deixar de operar em determinado ramo ou para acelerar o processo de encerramento de uma seguradora cativa (ver 5.1).

4.5 Contrato de cobertura de evolução desfavorável (Adverse Development Cover)

Essa modalidade de contrato oferece uma cobertura mais ampla do que a simples transferência da carteira de sinistros vista acima, pois abrangerá também os sinistros tardios (IBNR). Desse modo, mediante o pagamento de um prêmio, os sinistros que

---

14 IBNR (*incurred but not reported*) é uma provisão para sinistros que demoram para serem avisados, pois os efeitos dos danos somente serão percebidos após muito tempo (riscos de cauda longa ou de latência prolongada). Alguns exemplos clássicos são os casos do amianto/asbesto e o da talidomida.

ultrapassarem um determinado patamar serão transferidos ao ressegurador. Não se trata de transferência de provisões de sinistros, contudo de uma composição contratual, que poderá envolver um contrato de excesso de danos anual (*Stop Loss*), contratos de excesso de danos específicos ou de catástrofe.

A operação destina-se principalmente a facilitar a aquisição ou fusão de empresas, pois o segurador ficará liberado do risco temporal e de evolução negativa da carteira de sinistros. Por conseguinte, a empresa adquirida poderá ser mais facilmente analisada, não apresentando passivo desconhecido de sinistros a liquidar.

5. Instrumentos da Transferência Alternativa de Riscos (TAR/ART)

Conforme visto, a transferência de riscos implica em transferência das conseqüências econômicas de um risco e não na transferência do próprio risco (bens ou responsabilidades). Vale dizer, o sinistro gera uma indenização, expressa em valores financeiros. Por essa razão, pouco a pouco, a TAR foi se valendo dos aspectos financeiros dos riscos para elaborar produtos e soluções individualizadas, que proporcionassem um verdadeiro financiamento para os riscos.

Tais soluções combinam elementos financeiros, aspectos de seguro e de transferência de risco, para proteger uma empresa de todos os tipos de ameaças, não apenas aquelas cobertas por seguros e resseguros, mas também os denominados riscos não seguráveis, como danos à imagem ou à personalidade, responsabilidade civil sobre produtos, acentuadas flutuações monetárias, cambiais ou de taxas de juros, inflação galopante, etc.

As vantagens da TAR são facilmente percebidas, pois a empresa não compromete o seu capital com o custo de seus riscos, que diminuirá pela distribuição através de diversos exercícios contábeis. Por outro lado, a qualidade dos riscos da empresa irá melhorando, através de uma contínua redução do custo de financiamento dos mesmos, gerando um círculo virtuoso em benefício da empresa, do mercado e, até mesmo, dos consumidores finais.

Para empresas e indivíduos que buscam a proteção do seguro, a TAR pode ser uma opção atraente, pois quando há inexistência ou pouca carga anual de sinistros, o valor dos prêmios pagos às seguradoras são muitas vezes excessivos. Para os segurados, a TAR funciona de maneira bem simples. O prêmio anual do seguro é pago à seguradora, que constituirá um fundo remunerado. Se ocorrerem sinistros, o fundo os indeniza. Se o fundo for insuficiente, a seguradora cobre o valor e o desconta do segurado nos anos seguintes, através de um prêmio adicional. Se não ocorrerem sinistros, o segurado recebe o dinheiro do fundo, deduzidas as taxas de financiamento e administração da seguradora.

Em relação ao resseguro, as soluções de TAR são complexas e exigem um conhecimento multidisciplinar, principalmente de economia, administração, estatística, bem como de práticas do mercado financeiro. Normalmente, as soluções são individualizadas, utilizando uma arquitetura de instrumentos tradicionais misturados com soluções novas e, algumas vezes, até mesmo criadas especificamente para a operação.

A seguir serão abordados alguns instrumentos de TAR, os quais pela freqüência de utilização já poderiam ser denominados de "instrumentos típicos".

5.1. Cativas

O estabelecimento de uma empresa cativa é comum em setores industriais e comerciais cujas atividades envolvem grandes riscos e, conseqüentemente, grandes custos com seguros (indústria farmacêutica, petroquímica, etc). As principais razões para a constituição de uma seguradora cativa decorrem, por um lado, da impossibilidade de se obter cobertura para determinados riscos no mercado segurador tradicional e, por outro, da possibilidade de aumento da eficiência econômica de uma corporação, através da realização do auto-seguro de certos riscos.

São variadas as circunstâncias que levam um conglomerado a ter dificuldades para transferir certos riscos. O risco de responsabilidade civil, por exemplo, em algumas atividades e em alguns países, é quase impossível de ser coberto pelo mercado tradicional. Por outro lado, a magnitude de alguns projetos e instalações industriais, pelo acúmulo de riscos e valor dos bens envolvidos, torna impossível a contratação de uma apólice de seguro de danos tradicional. Por tais razões, muitas vezes, o estabelecimento de uma cativa pode ser conveniente por diversos aspectos.

As grandes corporações, quando melhoram a sua capitalização no mercado e expandem seus ativos em variados segmentos comerciais e em diferentes áreas geográficas, tornam-se capazes de reter mais os seus próprios riscos. Isso implica em menor custo com prêmios de seguro e resseguro. Contudo, o auto-seguro (a retenção de riscos) pode ser perigoso e exige uma adequada política de controle de riscos. A transferência de riscos não seguráveis à sua própria companhia de seguro (cativa), mesmo que não elimine o auto-seguro, oferece alguns benefícios.

As seguradoras cativas oferecem vantagens fiscais, pois podem ser constituídas em jurisdições com tratamento tributário favorável. Por conseguinte, a corporação paga os prêmios à seguradora cativa e os deduz como despesa. Por outro lado, a cativa sofre baixa ou nenhuma tributação sobre os prêmios recebidos na jurisdição onde está constituída. Outra vantagem da seguradora cativa é poder negociar prêmios mais favoráveis e maiores limites de cobertura no mercado de resseguro internacional, valendo-se das vantagens e benefícios fiscais e de política monetária da jurisdição onde se encontra.

Evidentemente, o estabelecimento e a operação de uma seguradora cativa envolve também custos administrativos, que deverão ser justificados pelo volume de prêmios que subscreverá para a empresa a qual pertence. Por outro lado, se a cativa não estiver ressegurada, uma catástrofe, um grande sinistro ou mesmo uma série de eventos sinistrais de pequeno ou médio porte poderão comprometer a política de retenção de riscos da corporação e a própria sobrevivência da seguradora cativa.

5.2. Risco finito

O resseguro de risco finito (*finite reinsurance*) é considerada aqui uma forma de TAR, por utilizar programas de resseguro tradicionais em conjunto com instrumentos de resseguro financeiro. A Diretiva 2005/68/CE do Parlamento Europeu e do Conselho, de 16 de novembro de 2005, relativa ao resseguro, e que altera as Diretivas 73/239/CEE e 92/49/CEE do Conselho, assim como as Diretivas 98/78/CE e 2002/83/CE, publicada no Diário Oficial nº L 323, de 09/12/2005, p. 0001 – 0050, em seu art. 2º, § 1º, "q", define as operações *finite* como o resseguro em que o potencial explícito de perda máxima, expresso em risco econômico máximo transferido, decorrente da transferência de um risco de subscrição e de um risco temporal significativos, excede, num montante limitado mas significativo, o prêmio devido durante a vigência do contrato, juntamente com, pelo menos, uma das seguintes características: 1) consideração explícita e substancial do valor temporal do dinheiro; 2) disposições contratuais destinadas a moderar no tempo o equilíbrio da experiência econômica entre as partes, a fim de atingir as transferências de risco pretendidas.

Basicamente, as operações de resseguro finito são moldadas de acordo com a necessidade da cedente e a peculiaridade dos riscos a serem transferidos. Todavia, apresentam as seguintes características essenciais:

a) aceitação limitada de riscos pelo ressegurador:

O risco aceito pelo ressegurador é limitado, porém significativo. O risco subscrito é a possibilidade de os pagamentos de sinistros, durante o prazo do contrato, serem mais elevados do que o esperado.

b) contrato com prazo plurianual:

O contrato de prazo plurianual apresenta vantagens tanto para a cedente quanto para o ressegurador. A plurianualidade do contrato é necessária para possibilitar uma melhor arquitetura dos investimentos, e assegura uma parceria de longo prazo entre os contratantes. A cedente beneficia-se de uma cobertura de longo prazo, sob condições contratadas e estáveis. Por outro lado, o ressegurador garante um fluxo de prêmios constante, durante o prazo mais longo do contrato.

c) a cedente participa nos resultados do contrato:

Uma parte substancial dos lucros obtidos durante o prazo plurianual do contrato é atribuída à cedente, de modo que existe uma estreita relação entre a evolução da sinistralidade do contrato e os custos efetivos de resseguro. Por conseguinte, a cedente pode receber uma compensação ou remuneração pelo resultado favorável do contrato, participando assim diretamente nos resultados obtidos no mesmo.

d) consideração explícita dos rendimentos futuros das operações financeiras na fixação de preços (prêmios):

O resseguro finito tem a peculiaridade de tornar mais eficiente o cálculo tradicional do prêmio da cobertura. O rendimento esperado das aplicações financeiras é explicitamente levado em consideração no cálculo do prêmio de resseguro. O valor do dinheiro aplicado é considerado durante o período do investimento, bem como as datas de efetivo desembolso de recursos para cobrir eventuais sinistros. Desse modo, quando as liquidações de sinistros forem demoradas, o que é uma peculiaridade de alguns ramos de seguro, os valores provisionados permanecerão investidos, gerando resultados no contrato de resseguro finito.

Alguns exemplos de contratos de resseguro finito amplamente utilizados encontram-se referidos na parte relativa ao resseguro financeiro (ver 4.1 a 4.5).

5.3 Produtos multilinhas e produtos plurianuais integrados

Estes produtos de TAR possibilitam uma transferência mais eficiente dos variados riscos de uma empresa. O segurado lucra com a conjugação de seus diferentes riscos, reunidos em uma carteira, durante um período de tempo mais longo. De um lado, a reunião dos riscos não relacionados propicia um efeito de diversificação e, por outro, evita a superposição de coberturas e o conseqüente excesso de seguro.

Os produtos multilinhas podem ser desenhados de acordo com as necessidades do cliente e exigem da resseguradora um enorme conhecimento e experiência multidisciplinar. Os riscos e ramos reunidos no cesto de cobertura multilinha podem apresentar um perfil muito diverso, gerando uma trabalhosa administração do contrato.

5.4 Produtos de múltiplos gatilhos

O produto de múltiplos gatilhos condiciona o pagamento de um sinistro a um ou mais eventos concomitantes, previstos no contrato, que devem ocorrer em conjunto para acionar a cobertura. Tais eventos agregados normalmente se referem a índices ou cifras que não estejam sob influência do segurado, garantindo assim a imprevisibilidade de ocorrência dos eventos. Por exemplo, no agronegócio, um primeiro gatilho poderia ser acionado se a produtividade líquida esperada do segurado apresentasse uma redução a partir de 30%. Outros gatilhos poderiam estar relacionados a fatores de comercialização, como variação acentuada no preço dos combustíveis, fretes, taxas de juros ou de câmbio, assim como variação dos preços de mercado dos produtos do segurado. Os gatilhos são estabelecidos conforme a operação e as necessidades de cobertura da exposição de uma seguradora. As cláusulas relativas aos gatilhos e seu respectivo "disparo" exigem clareza e são complexas em sua elaboração.

Esses produtos de gatilhos são indicados para grandes empresas, bem capitalizadas, cujos resultados podem ser afetados por acentuadas variações nos preços das matérias-primas e nas taxas de câmbio ou de juros de suas operações internacionais. Os riscos normais e conhecidos das operações de um conglomerado poderão se tornar insuportáveis, frente a alguma variação acentuada e inesperada nos mercados internacionais. Por conseguinte, a cobertura dos riscos poderá conter um ou mais gatilhos (eventos previstos) relativos a índices ou cifras, que possam garantir uma cobertura mais ampla e emergencial em caso de necessidade. A segurança financeira propiciada por esses tipos de cobertura se dá em razão de os gatilhos estarem diretamente relacionados aos resultados do segurado. Por outro lado, os riscos cobertos não estarão relacionados aos gatilhos, o que aumenta o efeito de pulverização dos mesmos e diminui o seu potencial de dano. Para o ressegurador, é importante que os gatilhos não estejam correlacionados, diminuindo assim a possibilidade de acionamento da cobertura.

5.5 *Capital contingente*

Os programas de capital contingente não constituem propriamente operações de transferência de riscos, mas mero financiamento. A razão dessa solução de capital contingente estar agrupada com instrumentos de TAR está mais ligada aos contratantes do que, propriamente, à natureza da transação realizada. Através do capital contingente, o ressegurador disponibiliza liquidez à seguradora, em caso de ocorrência de alguma catástrofe natural ou frente a alguma acentuada descapitalização da companhia. Como em qualquer outro financiamento, findo o prazo da transação, o capital disponibilizado deverá ser restituído ao prestador ou, quando for o caso, aos investidores.

A solução de capital contingente oferece a investidores uma possibilidade de diversificação de suas aplicações financeiras. Por outro lado, se ocorrerem grandes sinistros ou massiva perda de capital próprio, o segurador receberá um auxílio de capital contra a entrega de direitos de fruição ou de ações preferenciais. A estrutura da operação prevê uma definição precisa de catástrofe natural e de perda de capital próprio, que possam gerar a transferência de direitos de fruição ou de ações preferenciais aos investidores. Mediante o pagamento de um prêmio, o segurador adquire o direito de em caso de ocorrência dos sinistros previstos no contrato (gatilhos – ver 5.4 acima) exercer as opções de venda de ações (*equity put option*) ou de direitos de fruição (*surplus put option*) aos investidores, os quais, em contrapartida, fornecem ao segurador o capital convencionado. Desse modo, o capital somente será disponibilizado em caso de ocorrência dos sinistros previstos no contrato, e deverá ser restituído no final do prazo estabelecido.

5.6 Securitização de riscos

As operações de securitização de riscos oferecem às seguradoras uma fonte adicional de capacidade de subscrição em relação ao resseguro tradicional. A securitização de riscos de seguro é realizada usualmente através da emissão de um título negociável no mercado financeiro. A seguradora, como patrocinadora da transação, celebra um contrato de resseguro com uma resseguradora profissional, que retrocede o risco a uma empresa resseguradora de finalidade específica (*special purpose reinsurance company — SPC*), que, por sua vez, cobre o risco retrocedido através da emissão de um título de valor mobiliário: uma obrigação negociável. O resultado da emissão é investido através de um *trust* com excelente *rating* de solvência. O trust será administrado por um agente fiduciário, que zelará pela aplicação adequada e compensadora do patrimônio do *trust*, o qual servirá como garantia para eventuais pagamentos da *SPC* no contrato de retrocessão. Desse modo, há completa segurança à cobertura do risco inicialmente segurado.

Os rendimentos obtidos pelo *trust* adotarão um índice de juros, por exemplo, Libor, que possibilitará a celebração de um contrato de *swap*[15] de juros entre o *trust* e algum agente financeiro, garantindo aos investidores uma taxa de juros fixa. Uma grande parcela dos prêmios de resseguro e retrocessão é repassada ainda aos investidores, a título de *spread* acima da Libor, oferecendo assim um atrativo maior ao investimento. Na securitização de riscos de seguro, o capital dos investidores é desde logo transferido ao *trust*, que o administrará, ao contrário do que ocorre na solução de capital contingente, referida acima, na qual a transferência de capital ocorrerá apenas em caso de ocorrência de algum sinistro previamente definido.

Outra modalidade de securitização de riscos destina-se não apenas a seguradoras, mas aos demais agentes do mercado. Trata-se da securitização de créditos, cuja finalidade é garantir carteiras de crédito de empresas em geral. Desse modo, o mercado financeiro outorga uma proteção de crédito para as operações de

---

15 A operação de *swap* de juros (*interest rate swap*) é uma "transação na qual as duas partes trocam pagamento de juros de caráter diferente à base de determinado montante de capital. Os três principais tipos são: trocas de cupões (de uma taxa fixa para uma taxa flutuante na mesma moeda), trocas de base (de um índice de taxa flutuante para outro índice de taxa flutuante na mesma moeda) e trocas de taxas de juros de uma moeda para outra (taxa fixa em uma moeda e taxa flutuante em outra)". RATTI, Bruno. Vade-mécum de comércio internacional e câmbio, p. 191.

uma empresa e para as suas exposições creditícias frente a terceiros. Os principais instrumentos utilizados são as obrigações de dívida com garantia (*collateralized debt obligations* – CDO) e o *swap* de risco de inadimplência (*credit default swap* – CDS).

5.6.1 Cat Bonds

O conceito de transferência alternativa de risco através de bônus de catástrofe (*Cat Bond*) foi desenvolvido nos EUA e lançado em março de 1996 pela administração californiana incumbida das medidas em casos de terremoto (*California Earthquake Authority*). Posteriormente, surgiram também estudos interessantes na Europa, sobre a possibilidade de lançar bônus para a cobertura das periódicas inundações dos rios Reno e Mosela, na Alemanha, bem como a emissão de obrigações conversíveis para a cobertura de danos produzidos por tempestades de granizo.

Esses títulos negociáveis consubstanciam-se em obrigações de prazo determinado, cuja restituição e remuneração do capital disponibilizado pelo credor estarão sujeitas à ocorrência ou inexistência de eventos previamente convencionados. No vencimento da obrigação, o credor somente terá direito à totalidade de sua expectativa de capital e rendimentos, se uma quantidade estipulada de eventos não tiver ocorrido. A perfeita definição de eventos ou de catástrofe é, portanto, fundamental. Por outro lado, se o número de catástrofes exceder a determinado limite, a perda do credor poderá ser total. Normalmente, o contrato prevê uma tabela escalonada de participação nas perdas para o cálculo de eventual prejuízo em um período certo de tempo. Por exemplo, nenhuma catástrofe: restituição integral do capital e rendimentos; um evento catastrófico: restituição de 75% da pretensão creditícia; duas catástrofes: pagamento de apenas 50% do capital disponibilizado, e assim por diante.

5.6.2 Life Bonds

Estes títulos obrigacionais são emitidos para a captação de recursos e fundamentam-se, normalmente, na receita de prêmios de vida de uma seguradora ou de um determinado produto desse ramo de seguro (*embedded value securitization*). Neste tipo de securitização de valor intrínseco, a cedente transfere integralmente o risco de uma carteira de vida a uma SPC[16] e, por conseguinte, aos investidores que financiam a SPC. A administração da carteira e do capital obtido pela emissão geralmente é realizada pela própria seguradora de vida. O risco de crédito do investidor, por sua vez, poderá ser coberto por um seguro de crédito separado.

Assim como ocorre com os *cat bonds*, a operação com *life bonds* permite também limitar riscos extremos de uma seguradora de vida, como, por exemplo, as altas taxas de mortalidade causadas por pandemias, guerras ou atentados terroristas (*mortality risk bonds*). Como não é possível uma exclusão do risco de excessiva mortalidade no seguro de vida, os instrumentos *life bonds* constituem uma alternativa para isso e sua demanda tem crescido muito nos últimos anos. Os títulos geralmente possuem um prazo de três a cinco anos e seu gatilho será algum índice de mortalidade regional de um ou mais mercados com grandes acumulações de riscos[17]. Outro produto similar nesse segmento são os *longevity risk bonds*, cujos juros estarão ligados a alguma taxa de sobrevivência previamente definida de algum grupo ou região com alta densidade de vidas seguradas.

---

16 Empresa resseguradora de finalidade específica (*special purpose reinsurance company* — SPC); ver item 5.6.

17 Um exemplo é o Vita Capital II, uma emissão de 2005 de uma empresa de finalidade específica da Swiss Re, denominada Vita Capital Limited, cujo gatilho consistiu em uma composição de índices de mortalidade dos EUA (participação de 62,5%), da Grã-Bretanha (17,5%), da Alemanha (7,5%), do Japão (7,5%) e do Canadá (5%).

5.7 Derivativos de seguro

Os derivativos de seguro têm sido elaborados em forma de *swaps* ou de opções. As transações baseiam-se em índices de sinistralidade de mercado[18] ou em gatilhos paramétricos[19]. Nas transações de opção, a cedente de um risco (compradora da opção) paga aos investidores (vendedores da opção) um prêmio de opção de taxa fixa e, no caso de produção de um evento estipulado contratualmente (excesso do índice de sinistralidade ou disparo do gatilho paramétrico), recebe a correspondente indenização (mediante o exercício da opção), nos moldes dos contratos tradicionais de seguro e resseguro. A diferença do derivativo para a operação de transferência de risco tradicional reside na inexistência de interesse segurado ou de sinistro específico para o pagamento da indenização. Nos derivativos, o que vale é a variação do índice de sinistralidade ou o disparo do gatilho paramétrico.

As transações de *swap* são instrumentos valiosos para a gerência de riscos, pois propiciam um efeito de diversificação em âmbitos diversos (geográfico, por classe de risco, etc.) e maior eficiência das carteiras de riscos. No *swap* não há pagamento de

---

18 O índice de sinistralidade de mercado demonstra a produção dos sinistros da atividade seguradora após a ocorrência de alguma catástrofe natural. Como exemplo de índice de sinistralidade de mercado pode ser citado o PCS Index, da entidade Property Claims Service, nos EUA. A Bolsa de Chicago tem negociado contratos de opção padronizados, baseados em índice de sinistralidade de nove regiões dos EUA (Oeste, Meio-Oeste, Leste, Nordeste, Sudeste, bem como os Estados da Califórnia, Flórida e Texas), com prazo de cobertura de até um ano. Os derivativos de riscos de seguro também são negociados fora da bolsa (*over the counter*) diretamente entre os contratantes interessados em tais transações.

19 O gatilho paramétrico é o mecanismo que dispara a cobertura com base em parâmetros pré-estabelecidos e mensuráveis, relativos à intensidade ou gravidade de algum tipo de catástrofe natural (magnitude de um terremoto, velocidade do vento, pressão atmosférica de uma tempestade, etc.).

prêmio de opção, mas um intercâmbio de riscos de exposição excessiva. As operações poderão ser efetuadas através de títulos representativos de riscos securitizados. Desse modo, poder-se-ia trocar, por exemplo, riscos de inundação na Alemanha por riscos de furacão no Texas. O pressuposto da operação é uma igualdade de valores nominais, tanto em termos de probabilidade de ocorrência do evento sinistral como também em termos de valor dos bens ameaçados.

5.7.1 Derivativos climáticos

O setor energético é muito dependente do clima, seja em razão de riscos ligados à produção, como inundações, furacões, estiagens, etc. — que impactam os resultados financeiros de uma empresa — seja em decorrência de uma queda da demanda, como a menor necessidade de aquecimento ou refrigeração em virtude de maior frio ou calor de alguma estação do ano. Essa enorme volatilidade de resultados pode ser reduzida através de derivativos climáticos, que se desenvolveram muito na esteira do moderno processo de desregulamentação do setor energético, levado a cabo em inúmeros países nos últimos anos. Entretanto, os derivativos climáticos são produtos regionalizados e de distribuição limitada. Contudo, o potencial de crescimento e utilização desse produto é enorme, pois outros setores significativos da economia também podem empregá-lo, como a agricultura, a pecuária, a construção civil e o turismo, por exemplo.

Os derivativos climáticos podem ser utilizados com base em diversos parâmetros meteorológicos, como o índice pluviométrico, a velocidade do vento, a umidade do ar, a temperatura, etc. O parâmetro freqüentemente empregado é a temperatura, mediante a qual os contratos estabelecem índices diários de variação de graus de calor e de graus de frio. Desse modo, o contrato prevê uma tabela de temperatura média diária. A diferença de variação de graus de calor ou de frio consiste na cifra diária, que será computada durante o prazo do contrato, normalmente de um mês a um ano.

Os derivativos climáticos valem-se de *hedge*[20] e propiciam uma cobertura de riscos até mais ampla do que aquela do seguro tradicional. Tomemos um exemplo do setor primário brasileiro: o cultivo de grãos em diferentes regiões climáticas como Rio Grande do Sul e Mato Grosso do Sul. Uma cobertura de seguro tradicional poderia garantir e indenizar as perdas ocasionadas pelo clima, sofridas pelo produtor gaúcho, mas não o garantiria contra um outro risco, representado por uma safra recorde de seus concorrentes da região Centro-Oeste, os quais, em razão do bom tempo e ótima colheita, poderiam inundar o mercado com seus grãos e ocasionar uma queda drástica do preço da *commodity*. Por conseguinte, a operação com derivativo e o conseqüente *hedge* ampliaria a segurança do produtor gaúcho e manteria os seus resultados mais estáveis.

5.8 Soluções financeiras estruturadas

Estas operações consistem na securitização de créditos decorrentes de um futuro fluxo de recursos. Para isso, é estabelecido um instrumento ou veículo específico de investimento (*special purpose vehicle* — *SPV*), que levantará capital de investidores no mercado, para pagamento de aplicações ainda pouco conhecidas, transferidas pela empresa segurada ao *SPV*. Os resseguradores participam dessas transações financeiras estruturadas, aumentando a capacidade do mercado, normalmente mediante operações de resseguro de risco finito (ver 5.2 acima).

---

20 A operação de *hedge* consiste em assumir uma posição no mercado futuro inversa àquela mantida no mercado à vista, garantindo um preço: se houver perda no mercado físico, ela será compensada pelo ganho no mercado derivativo. O *hedge* poderá ser realizado através de contratos de opção ou de *swap* (ver. 5.7).

As operações financeiras estruturadas são utilizadas para reduzir o custo de crédito de uma empresa. Através de garantias financeiras ou de algum (re)seguro de crédito, as seguradoras ou resseguradoras podem melhorar a solvência de uma empresa, que busca crédito no mercado para novas e pouco conhecidas categorias de investimento. Por conseguinte, essa melhora da solvência da empresa diminui os seus custos na obtenção do crédito pretendido.

PARTE II

Comentários à Lei do Resseguro brasileira

*(Lei Complementar nº 126,
de 15 de janeiro de 2007)*

CAPÍTULO I

DO OBJETO

Art. 1º Esta Lei Complementar dispõe sobre a política de resseguro, retrocessão e sua intermediação, as operações de co-seguro, as contratações de seguro no exterior e as operações em moeda estrangeira do setor securitário.

A Lei Complementar nº 126, de 15 de janeiro de 2007, introduziu um novo marco regulatório para o resseguro e as retrocessões no Brasil, substituindo uma natimorta lei ordinária de 1999[21], que tantas discussões e perplexidades causou no mercado nacional e internacional de resseguros, assim como no próprio Judiciário brasileiro. A recente LC 126/07 e sua posterior regulamentação foram as responsáveis pela denominada "abertura do

---

21 Lei nº 9.932, de 20 de dezembro de 1999.

mercado de resseguros no Brasil", pretendendo ter quebrado o longevo monopólio exercido pelo ressegurador estatal IRB (Instituto de Resseguros do Brasil, presentemente IRB-Brasil Resseguros SA).

Aliás, não existem mais muitos monopólios de resseguro no mundo. Até a metade do século XX, ainda havia mais de 20 países com monopólio de resseguro ou em vias de criá-lo. A Rússia e a Costa Rica possuíam monopólios de seguro e resseguro. No Chile, no Brasil, na Turquia, no Irã, na Grécia e no Japão existiam empresas estatais que detinham o monopólio da atividade resseguradora. Atualmente, apenas a Costa Rica e a Índia ainda restringem muito as operações de resseguro. Na Costa Rica, o seguro e o resseguro estão nas mãos de um segurador estatal; na Índia, a resseguradora estatal (General Insurance Corporation) goza de amplas vantagens na condição de "ressegurador nacional preferencial".

Durante as últimas décadas, o comércio mundial tornou-se cada vez mais globalizado e a quantidade, dimensão e complexidade dos riscos existentes no mercado aumentaram significativamente. Muitos países dependem de um mercado de resseguros aberto, para valerem-se do efeito de diversificação internacional, da livre concorrência e da transparência nos negócios, assim como da grande variedade de produtos oferecidos. A solidez financeira dos resseguradores, seus conhecimentos e serviços — especialmente em relação a desenvolvimento de produtos, fixação de preços, subscrição e regulação de sinistros — foram também determinantes no atual processo de internacionalização do resseguro.

A política geral pretendida pela LC 126/07 foi a de tentar construir um mercado de resseguros competitivo no Brasil, mediante a possibilidade de negócios realizados tanto por empresas nacionais como também por corporações domiciliadas no exterior. Todavia, visando atrair e manter recursos financeiros no país, o legislador optou por estabelecer uma reserva de mercado confusa e problemática. Ao determinar uma exigência de oferta preferencial aos denominados resseguradores locais de parte dos riscos cedidos em resseguro, a lei limitou muito a almejada e saudável concorrência das empresas no mercado. Os resseguradores estrangeiros, assim entendidas as empresas domiciliadas no exterior, porém no Brasil cadastradas e representadas (ressegurador admitido), bem como aqueles resseguradores estrangeiros não instalados (ressegurador eventual), estão sujeitos a variadas restrições, que limitam a pretendida quebra do monopólio e abertura do resseguro no Brasil.

CAPÍTULO II

DA REGULAÇÃO E DA FISCALIZAÇÃO

Art. 2º A regulação das operações de co-seguro, resseguro, retrocessão e sua intermediação será exercida pelo órgão regulador de seguros, conforme definido em lei, observadas as disposições desta Lei Complementar.

No contexto da Lei Complementar 126/07 coube ao Conselho Nacional de Seguros Privados (CNSP) a competência regulatória, sem prejuízo da atuação de outros órgãos reguladores, como dispõe o § 2º do presente artigo. Através da Resolução CNSP nº 168, de 17 de dezembro de 2007, a Superintendência de Seguros Privados (SUSEP) cumpriu suas atribuições legais e, após audiência pública — quando foram recebidas críticas e sugestões ao regulamento proposto — ofereceu ao mercado de resseguro e retrocessões brasileiro a tão esperada regulamentação da LC 126/07.

Afirma-se que atividade seguradora iniciou no Brasil com a abertura de seus portos ao comércio internacional, em seguimento à chegada da Família Real portuguesa ao país, em 1808. Naquela época, a atividade seguradora brasileira era ainda regulada por leis portuguesas. A partir de 1850, com a promulgação do Código Comercial Brasileiro (Lei nº 556, de 25 de junho de 1850), foi disciplinado o seguro marítimo, conferindo impulso ao surgimento de outros tipos de coberturas de seguro.

A atividade regulatória unificada da indústria do seguro no Brasil surgiu mediante a criação de uma Superintendência Geral de Seguros, através do Decreto n° 4.270, de 10 de dezembro de 1901, e de seu regulamento, conhecido como "Regulamento Murtinho", que disciplinavam o funcionamento das companhias de seguros de vida, de seguros marítimos e terrestres, tanto nacionais como estrangeiras, já existentes ou que viessem a se estabelecer no território nacional. As normas de fiscalização aplicavam-se a todas as seguradoras que operavam no Brasil. A Superintendência Geral de Seguros estava subordinada diretamente ao Ministério da Fazenda e concentrava em uma única repartição especializada todas as questões relativas à fiscalização de seguros; possuía jurisdição sobre todo o território nacional, tendo competência para exercer uma fiscalização preventiva — quando do exame da documentação das empresas que pretendiam autorização para funcionar — e repressiva, mediante inspeção direta e periódica das seguradoras.

Posteriormente, em 12 de dezembro de 1906, através do Decreto n° 5.072, a Superintendência Geral de Seguros foi substituída por uma Inspetoria de Seguros, também subordinada ao Ministério da Fazenda. Em 28 de junho de 1933, o Decreto n° 22.865, transferiu a Inspetoria de Seguros do Ministério da Fazenda para o Ministério do Trabalho, Indústria e Comércio. No ano seguinte, o Decreto n° 24.782, de 14 de julho de 1934, extinguiu a Inspetoria de Seguros e criou o Departamento Nacional de Seguros Privados e Capitalização (DNSPC), o qual, somente através do Decreto-lei n° 73, de 21 de novembro de 1966, foi substituído pela atual Superintendência de Seguros Privados — SUSEP, subordinada ao Ministério da Indústria e do Comércio até 1979, quando passou para a órbita do Ministério da Fazenda.

· Desde 1966, o Decreto-lei n° 73 vem regulando as operações de seguros e resseguros no país. Outrossim, esse diploma legal instituiu um Sistema Nacional de Seguros Privados, constituído por diversos integrantes, quais sejam, o Conselho Nacional de Seguros Privados (CNSP), a Superintendência de Seguros Privados (SUSEP), o Instituto de Resseguros do Brasil (IRB), as sociedades autorizadas a operar em seguros privados e os corretores habilitados.

No Brasil, a história e disciplina do resseguro estão diretamente relacionadas ao surgimento do IRB, que ocorreu através do Decreto-lei nº 1.186, de 3 de abril de 1939. Desde então, as companhias seguradoras foram obrigadas a ressegurar apenas junto ao IRB todo e qualquer risco que excedesse à sua capacidade de retenção. O IRB, por sua vez, através de retrocessões a resseguradoras estrangeiras, passou a compartilhar com o mecado internacional os riscos das sociedades seguradoras em operação no Brasil.

O monopólio da colocação de riscos em resseguro — encerrado agora pela LC 126/07 — retardou o desenvolvimento de uma cultura de seguro no país e ocasionou a atual timidez da atividade seguradora brasileira no contexto latino-americano e mundial. Durante quase 60 anos, sob o argumento de evitar a evasão de divisas, isto é, a cessão ao exterior de parcelas de prêmios de coberturas do mercado nacional, o monopólio impedia que as seguradoras buscassem opções de resseguro no mercado internacional. No entanto, o ressegurador oficial escolhia livremente a quem repassar os riscos do mercado nacional, remetendo em retrocessão aos resseguradores estrangeiros divisas que alegava proteger. Além disso, pagava às seguradoras comissões de resseguro, que encareciam inutilmente aos consumidores os preços das coberturas comercializadas no país.

No entanto, é necessário evidentemente reconhecer aspectos positivos na atuação do IRB, favorecendo a consolidação de um mercado segurador nacional, ou seja, ocupado principalmente por empresas de capital nacional. Por outro lado, as empresas com participação estrangeira deixaram de atuar como simples agências de captação de negócios para suas respectivas matrizes, tendo sido levadas a se organizar como empresas brasileiras, constituindo e investindo suas provisões no país.

Desde o início de suas operações, o IRB adotou duas providências bastante eficazes para criar condições de competitividade, que fomentassem o estabelecimento e o desenvolvimento de seguradoras de capital nacional: a fixação de baixos limites de retenção e a criação do denominado excedente único. Com baixos limites de retenção, as seguradoras eram obrigadas a repassar os prêmios não retidos ao IRB. Por outro lado, esses prêmios reunidos em um excedente único eram repassados de volta às seguradoras. Através da adoção desses dois mecanismos, empresas pouco capitalizadas e com menos recursos técnicos — como era o caso da maior parte das seguradoras de capital nacional — passaram a ter condições de concorrer com as companhias estrangeiras, pois tinham assegurada a automaticidade da cobertura de resseguro. Esses mecanismos permitiam um total controle das operações de resseguro no país e, por via de conseqüência, da própria atividade seguradora brasileira.

§ 1º Para fins desta Lei Complementar, considera-se:
I — cedente: a sociedade seguradora que contrata operação de resseguro ou o ressegurador que contrata operação de retrocessão;

A cessão de resseguro ou em resseguro é a transferência de riscos do segurador para o ressegurador. Define o objeto do contrato de resseguro e ocorre das mais variadas formas, dependendo da modalidade contratual. A cessão em resseguro é um contrato consensual e oneroso[22], pelo qual a cedente transfere direitos e obrigações ao cessionário. A cessão é o ato jurídico de

---

22 Nos contratos onerosos ambos os contratantes têm direitos e deveres, vantagens e obrigações, a carga contratual está repartida entre eles, embora nem sempre em igual nível. As partes concedem-se reciprocamente direitos. A onerosidade identifica-se primordialmente pela contraprestação que se segue à prestação, pela vantagem que decorre de um sacrifício do contratante. Sílvio de Salvo Venosa. Teoria Geral dos Contratos, p. 45.

transferência, pelo segurador, de uma parcela ou de todas as responsabilidades aceitas pela subscrição de riscos de uma ou mais pessoas seguradas. No direito do seguro, deve-se distinguir claramente a cessão de resseguro de uma outra modalidade de cessão, qual seja, a cessão de direitos e obrigações de determinada apólice a alguma outra pessoa. A cessão de apólice pode ocorrer quando há transferência da propriedade de certo bem coberto por uma apólice vigente. Nestes casos, a cessão (transferência) da apólice ao adquirente do bem exige a concordância da seguradora.

A cessão de resseguro é um contrato especial e se distingue claramente das demais cessões de direitos e obrigações, que, na maior parte das vezes, implicam na execução de obrigações em bases anteriormente firmadas. No contrato de resseguro, a cessão estabelece novos direitos e obrigações para o segurador e para o ressegurador, e o ato de cessão relaciona-se exclusivamente ao risco assumido pelo segurador e que por variadas razões está sendo transferido, no todo ou em parte, ao ressegurador. Por outro lado, através da cessão em resseguro o segurador não se libera das obrigações anteriormente assumidos perante o segurado, pois não cede o contrato de seguro, mas sim apenas um de seus componentes: o risco. Por outro lado, o ressegurador não se sub-roga nos direitos e obrigações do negócio original, isto é, a cobertura de seguro outorgada ao segurado; nem mesmo dele se torna sucessor a qualquer título. Em verdade, não se estabelece nenhuma relação jurídica entre o segurado e o ressegurador, já que seguro e resseguro constituem o objeto de dois contratos completamente separados e distintos.[23]

II — co-seguro: operação de seguro em que 2 (duas) ou mais sociedades seguradoras, com anuência do segurado, distribuem entre si, percentualmente, os riscos de determinada apólice, sem solidariedade entre elas;

---

23 Swiss Re. O resseguro dos ramos elementares, p. 26.

A operação de co-seguro visa pulverizar riscos, repartindo-os entre seguradoras. Desse modo, o risco do segurado é suportado por várias empresas, que respondem isoladamente perante ele. Apesar de a lei referir "riscos de determinada apólice", em tese poderão ser emitidas tantas apólices quanto forem as seguradoras envolvidas na operação (co-seguro indireto, por iniciativa do segurado), ou mesmo efetuar-se a cobertura do riscos mediante uma única apólice, quando então existirá uma seguradora líder, o que, no entanto, não eliminará o vínculo individual do segurado com cada uma das demais seguradoras.

Conforme o art. 761 do Código Civil Brasileiro, quando o risco for assumido em co-seguro, a apólice indicará o segurador que administrará o contrato e representará os demais, para todos os seus efeitos. A figura da seguradora-líder tem, principalmente, a finalidade de agilizar as negociações entre o segurado e as companhias reunidas nesse sistema de cooperação mútua. Em caso de litígio, a seguradora líder desempenha papel fundamental na representação dos interesses das seguradoras envolvidas, contribuindo desse modo para a celeridade tanto do procedimento arbitral como também, eventualmente, da demanda judicial.

Na redação do inciso ora comentado, o legislador não deixa margem para qualquer discussão relativa à solidariedade entre as seguradoras, que assumem em co-seguro uma porcentagem do risco previamente estabelecida no contrato. Não havendo solidariedade, a questão se sujeita à sistemática das obrigações divisíveis, nas quais o liame obrigacional se reparte em tantas obrigações iguais e distintas quanto forem os devedores. Por conseguinte, eventual demanda do segurado deverá ser intentada contra todas as seguradoras — representadas pela seguradora líder — que responderão nos respectivos limites de suas obrigações individuais.

III — resseguro: operação de transferência de riscos de uma cedente para um ressegurador, ressalvado o disposto no inciso IV deste parágrafo;

A transferência de riscos é uma das finalidades básicas do resseguro, possibilitando ao segurador enfrentar as conseqüências econômicas de um sinistro sem comprometer a sua estabilidade econômico-financeira. A transferência de riscos analisa o grau de probabilidade com que ocorrem os eventos, sua freqüência e sua gravidade, estabelecendo com precisão matemática o prêmio de resseguro a ser cobrado da cedente para cobrir a sinistralidade esperada.

Os riscos que fazem parte do cotidiano das pessoas na ordem econômico-social estabelecida apresentam um comportamento regular e suscetível de aferição estatística. Sua ocorrência é constante, permitindo determinar em um certo período de tempo a probabilidade teórica de produção dos sinistros.

Em virtude da previsibilidade de seus efeitos, os riscos podem ser cobertos pelo mercado segurador e ressegurador. Contudo, há riscos que não apresentam um comportamento estatístico previsível, pois decorrem de fatos ou acontecimentos de caráter excepcional. Tais riscos excepcionais ou catastróficos, decorrentes da ação humana (guerra, insurreições, terrorismo etc.) ou de forças da natureza (furacões, terremotos, etc.) não apresentam periodicidade previsível e, por conseguinte, não se prestam a controles estatísticos. Por sua natureza anormal e pela imprevisibilidade de suas conseqüências econômicas, tais riscos excepcionais, em regra, encontram-se excluídos nas apólices de seguro e resseguro. A guerra, por exemplo, é uma exclusão típica ocorrente nas apólices de resseguro, porque a sinistralidade descontrolada dela decorrente excederia não apenas a capacidade do mercado segurador e ressegurador, mas também as reservas econômicas das próprias nações envolvidas.

A transferência de riscos estipulada na cessão de resseguro encontra-se delimitada no próprio instrumento contratual, pois o ressegurador apenas responderá pelos riscos assumidos na apólice de resseguro e seus anexos. A especificação dos riscos assumidos pelo ressegurador baseia-se no pressuposto de que a contraprestação do segurador, qual seja, o prêmio de resseguro, foi estabelecida com base nos riscos previstos, que, por sua vez, foram considerados no cálculo atuarial desse preço da cobertura de resseguro.

A Resolução CNSP 168/07 define o resseguro como a operação de transferência de riscos de uma cedente, com vistas à sua própria proteção, para um ou mais resseguradores, através de contratos automáticos[24] e facultativos[25], ressalvadas as operações de retrocessão. Desse modo, o aspecto da transferência de riscos torna-se fundamental para a caracterização de uma operação de resseguro no Brasil. Se a solução de proteção não envolver alguma transferência de risco não será considerada resseguro.

IV — retrocessão: operação de transferência de riscos de resseguro de resseguradores para resseguradores ou de resseguradores para sociedades seguradoras locais.

Quando um ressegurador não desejar assumir a totalidade de sua parte em um risco, poderá retroceder uma fração dessa parcela a um ou mais retrocessionários. A LC 126/07 permite a retrocessão até mesmo a seguradoras locais. Normalmente, os

---

[24] Os contratos automáticos são também, às vezes, chamados de tratados de resseguro (ver Botti, *Introdução ao Resseguro*) ou mesmo contratos de resseguro obrigatórios (ver Swiss Re, *O resseguro dos ramos elementares*), pois a cedente se compromete a ceder uma parcela determinada de seus negócios e o ressegurador, de sua parte, obriga-se a aceitá-la. A terminologia moderna brasileira optou pelo termo "automático", que enfatiza o caráter de operação repetitiva, pois os riscos incluídos na carteira cedida não são analisados individualmente. Na verdade, mesmo nos contratos automáticos, nos quais a cedente acorda a cessão de uma carteira de riscos previamente definidos, a modificação de circunstâncias que tenham influenciado o processo de subscrição pode ensejar uma revisão desse contrato de resseguro de carteira, firmado por um período determinado de tempo.

[25] No resseguro facultativo, o ressegurador analisa os riscos de modo individual, concedendo ou não a cobertura de resseguro para cada apólice a ele submetida pelo segurador.

retrocedentes e retrocessionários são companhias resseguradoras profissionais, que pulverizam seus riscos geograficamente no mercado internacional. Como enfatiza Robert Salm, os resseguradores necessitam e contratam a proteção da retrocessão pelas mesmas razões que as companhias de seguros buscam coberturas de resseguro para os seus negócios diretos.[26] A retrocessão assemelha-se muito ao co-seguro, o qual, no entanto, é realizado apenas entre companhias seguradoras.

Há que se distinguir duas modalidades básicas de retrocessão: a automática e a avulsa. A retrocessão automática decorre de um contrato existente entre resseguradores, através do qual o retrocessionário outorga ao retrocedente um limite de cobertura, mediante o qual os excessos da capacidade retentiva lhe poderão ser transferidos sem necessidade de consulta prévia. Já na retrocessão avulsa, cada risco será previamente analisado pelo retrocessionário, que assumirá apenas as propostas que considere aceitáveis. A definição de retrocessão contida na Resolução 168/07 adotou o termo facultativo para as operações de retrocessão avulsa, tentando com isso unificar a terminologia contratual de resseguro e retrocessão (art. 2º, IX).

Vale lembrar que no contrato de retrocessão não há qualquer participação do segurador direto e nem mesmo do segurado (consumidor final da cobertura de seguro). Desse modo, as partes contratuais obrigam-se exclusivamente em relação a si mesmas, não havendo qualquer relação jurídica entre aquelas partes dos negócios originais (seguro direto e resseguro) e as partes que contratam a retrocessão. Muitas vezes, mesmo em se tratando do mesmo risco, os contratos de seguro, de resseguro e de retrocessão não se comunicam e nem se ligam por qualquer nexo jurídico, permanecendo assim válidos e eficazes exclusivamente em relação às respectivas partes signatárias.

---

26 Retrocession, in STRAIN, Robert W. (Org.). Reinsurance Contract Wording, p. 345.

§ 2º A regulação pelo órgão de que trata o caput deste artigo não prejudica a atuação dos órgãos reguladores das cedentes, no âmbito exclusivo de suas atribuições, em especial no que se refere ao controle das operações realizadas.

O Sistema Nacional de Seguros Privados, instituído pelo Decreto-Lei nº 73, de 21 de novembro de 1966, define os órgãos federais encarregados de formular a política de seguros privados no Brasil, de legislar e de fiscalizar as operações realizadas no território nacional. Por conseguinte, as operações efetuadas pelas cedentes permanecerão na competência da Superintendência de Seguros Privados (SUSEP), que é uma autarquia federal, atualmente vinculada ao Ministério da Fezenda. Compete à SUSEP controlar e fiscalizar os mercados de seguro, previdência privada aberta, capitalização e resseguro.

Dentre as atribuições da SUSEP cumpre-lhe zelar pela liquidez e solvência das empresas que integram o mercado. Tem também a função de disciplinar e acompanhar os investimentos dessas entidades, em especial aqueles efetuados em bens garantidores de provisões técnicas. Tais controles são imprescindíveis na atividade seguradora e resseguradora e deles depende a estabilidade do mercado e a higidez de todo o sistema.

§ 3º Equipara-se à cedente a sociedade cooperativa autorizada a operar em seguros privados que contrata operação de resseguro, desde que a esta sejam aplicadas as condições impostas às seguradoras pelo órgão regulador de seguros.

A LC 126/07 levou em consideração o cooperativismo no mercado segurador brasileiro, acatando as recomendações da Carta de Brasília, firmada em 13 de junho de 2003. A missiva representa as idéias discutidas no Seminário de Cooperativas de Seguro, realizado sob os auspícios de diversas entidades do cooperativismo latino-americano.

Em teoria, as cooperativas de seguro apresentam certas vantagens inolvidáveis, pois são movidas por aspectos sociais e econômicos. As entidades são compostas por membros unidos por algum interesse comum e se diferenciam das empresas de seguros por dois aspectos fundamentais. O primeiro diz respeito aos detentores do capital, pois os cooperativados não são meros investidores externos. Em segundo lugar, a formação da direção da entidade segue princípios democráticos, sem considerar proporções do capital da entidade.

Historicamente, as cooperativas de seguro têm sido estabelecidas para atender aos interesses de grupos determinados e, principalmente, para atender àquelas pessoas que mais necessitam de seguro, mas que são as que menos podem custeá-lo. Por conseguinte, amplia-se no mercado brasileiro um importante nicho de negócios, qual seja, o das cooperativas de seguro, que estarão sujeitas às mesmas condições impostas pelo CNSP às sociedades seguradoras.

Art. 3º A fiscalização das operações de co-seguro, resseguro, retrocessão e sua intermediação será exercida pelo órgão fiscalizador de seguros, conforme definido em lei, sem prejuízo das atribuições dos órgãos fiscalizadores das demais cedentes.

Parágrafo único. Ao órgão fiscalizador de seguros, no que se refere aos resseguradores, intermediários e suas respectivas atividades, caberão as mesmas atribuições que detém para as sociedades seguradoras, corretores de seguros e suas respectivas atividades.

O presente artigo optou por conferir o mesmo tratamento a cedentes e cessionárias no que diz respeito à fiscalização de suas atividades. Empresas estrangeiras envolvidas em contratos abrangidos pela competência de fiscalização da SUSEP estarão sujeitas ainda às determinações dos órgãos de fiscalização de seus próprios países. Por conseguinte, em relação às operações de resseguro no Brasil, a SUSEP assume, em um primeiro momento, as funções de fiscalização anteriormente exercidas pelo IRB.

Tradicionalmente, o resseguro está sujeito a regras de livre comércio e de economia de mercado. A liberdade contratual é praticamente ilimitada. Concessões obtidas por uma resseguradora em seu país de domicílio podem autorizá-la a atuar globalmente. Essa liberdade de fronteiras apresenta também sérias desvantagens, pois pode ocasionar um excesso de oferta de coberturas de resseguro no mercado internacional, numa competição exacerbada e danosa a empresas que operam em sólida base financeira. Em um regime de livre mercado e de livre concorrência, a fiscalização das operações de resseguro — principalmente em relação à solvência dos cessionários — é fundamental para a seriedade dos negócios e para a própria manutenção do sistema.

CAPÍTULO III

DOS RESSEGURADORES

Seção I

Da Qualificação

Art. 4º As operações de resseguro e retrocessão podem ser realizadas com os seguintes tipos de resseguradores:

I — ressegurador local: ressegurador sediado no País constituído sob a forma de sociedade anônima, tendo por objeto exclusivo a realização de operações de resseguro e retrocessão;

A LC 126/07 pretendeu criar no país um mercado de resseguros competitivo e especializado. Estabeleceu assim três tipos de empresas resseguradoras que, por um lado, estarão sujeitas a diferentes exigências e, por outro, gozarão de benefícios diversos. Sem discutir aqui os prós e contras da reserva de mercado estabelecida em favor dos resseguradores locais, deve-se enfatizar que a solução adotada pelo legislador brasileiro foi curiosa e também flexível.

O ressegurador local estará sujeito às determinações do Decreto Lei 73/66, bem como aos demais diplomas legais aplicáveis às seguradoras. Além disso, o ressegurador local estará sujeito às prescrições do CNSP, relativas a requisitos e procedimentos de constituição, autorização de funcionamento, transferência de controle societário, reorganização societária e cancelamento de autorização para funcionamento, bem como sobre a eleição ou nomeação de membros de órgãos estatutários das sociedades supervisionadas pela SUSEP.

O ressegurador local somente poderá efetuar operações de resseguro e retrocessão, isto é, não poderá explorar outro ramo de atividade empresarial, nem subscrever seguros diretamente a segurados, sejam eles pessoas físicas ou jurídicas. Nesse ponto, o legislador optou por fomentar as resseguradoras locais profissionais, isto é, aquelas que atuam exclusivamente no resseguro e na retrocessão. Contudo, a complexidade das operações do resseguro financeiro e das demais formas de transferência alternativa de riscos enseja operações com instrumentos de variados perfis, alguns deles não perfeitamente enquadrados no âmbito do que se entende por resseguro tradicional. Estaria o legislador neste artigo vedando às resseguradoras locais as atividades de transferência alternativa de riscos?

Por outro lado, será sempre difícil estabelecer os limites do que se entende como operação de resseguro e retrocessão. Constantemente surgem novas soluções de transferência de risco, que atuam como resseguro e que se valem de atividades ou produtos complementares de outros segmentos econômicos. O fator determinante para o legislador brasileiro, sem dúvida, para a caracterização de uma operação de resseguro é o elemento da transferência de risco (ver Art. 2º, § 1º, III). Todavia, que tipo de risco? O risco técnico, do negócio original ou subjacente, ou também o risco financeiro da atividade econômica explorada pela seguradora?

Ao que parece, o legislador pretende coibir que os resseguradores locais realizem seguros para grandes corporações, competindo assim com as seguradoras, ou que os mesmos comercializem ou distribuam outros produtos (principalmente financeiros ou creditícios) a consumidores finais. Todavia, seria um retrocesso muito grande a lei vedar aos resseguradores locais a outorga de modernas soluções de resseguro ou daquelas do amplo mercado da transferência alternativa de riscos.

O capital mínimo requerido para autorização e funcionamento de um ressegurador local, isto é, o montante de capital que deverá manter, a qualquer momento, é o equivalente à soma do capital base com o capital adicional (art. 2º, I, da Resolução CNSP 169/07). Considera-se capital base o montante fixo de capital equivalente a 60 milhões de reais; e capital adicional, o montante variável para poder garantir riscos inerentes às operações, isto é, riscos de subscrição.

Segundo a Resolução CNSP 188/08, o capital adicional relativo aos riscos de subscrição dos resseguradores locais será composto pela soma de duas parcelas, quais sejam, o valor obtido pela aplicação do modelo relativo aos riscos de subscrição das sociedades seguradoras para os resseguros proporcionais, considerando as correspondentes operações e classes de negócios às quais se refere e o valor obtido pela aplicação do modelo de margem de solvência disciplinado pela referida Resolução, para os resseguros não proporcionais e para todas as demais operações.

O modelo de margem de solvência deverá observar alguns critérios. Para as coberturas de resseguro estruturadas em regime de capitalização e para a concessão de rendas, a margem de solvência exigida é igual ao valor correspondente a 4% das provisões matemáticas de benefícios a conceder e de benefícios concedidos relativas aos resseguros diretos e às retrocessões aceitas, sem dedução das retrocessões cedidas, multiplicado pelo percentual máximo entre 85% e a razão obtida entre o montante total das provisões matemáticas de benefícios a conceder e de benefícios concedidos, deduzidas das retrocessões cedidas, e o montante bruto total das provisões matemáticas de benefícios a conceder e de benefícios concedidos calculadas para o último exercício.

Para as coberturas de resseguro estruturadas em regime de repartição e para as operações dos riscos decorrentes de contratos de seguros de danos, o maior dentre os seguintes valores: 20% do total de prêmios retidos nos últimos 12 meses; e 33% da média anual do total dos sinistros retidos nos últimos 36 meses.

Para fins de determinação do capital adicional dos resseguradores locais com menos de um ano de operação, serão utilizadas, como base de cálculo do montante para resseguros proporcionais, as projeções feitas para os 12 primeiros meses de operação, encaminhadas por meio da nota técnica atuarial, conforme disposto em regulamentação específica de seguros. Caso as projeções apresentadas não se confirmem nos primeiros seis meses, contados a partir do início de operação, o ressegurador local deverá reavaliá-las. Com base em tal reavaliação, a SUSEP definirá novo capital adicional que, se for superior ao inicialmente definido, suscitará um imediato aporte de capital por parte da resseguradora local.

Por outro lado, a aplicação dos recursos de provisões técnicas e fundos dos resseguradores locais será efetuada conforme diretrizes do Conselho Monetário Nacional (CMN), observados critérios estabelecidos pelo CNSP relativos a investimentos das sociedades supervisionadas pela SUSEP (art. 6º, Resolução CNSP 168/07). Nesse diapasão, tendo em vista as disposições do art. 3º, da Resolução CMN nº 3.308, de 31 de agosto de 2005, e o parágrafo único, do art. 1º, da Resolução CMN nº 3.557, de 27 de março de 2008 — a Resolução CNSP 185/08 determina que os resseguradores locais observem as mesmas normas aplicáveis às sociedades seguradoras relativas aos critérios para a realização de investimentos. O IRB recebeu um prazo de 180 dias para se adaptar a essa determinação.

II — ressegurador admitido: ressegurador sediado no exterior, com escritório de representação no País, que, atendendo às exigências previstas nesta Lei Complementar e nas normas aplicáveis à atividade de resseguro e retrocessão, tenha sido cadastrado como tal no órgão fiscalizador de seguros para realizar operações de resseguro e retrocessão; e

O ressegurador admitido estará sujeito a diversas exigências de cadastramento, a maior parte delas referida no art. 6º da presente LC 126/07. Dentre outras exigências, foi estabelecida a necessidade de patrimônio líquido não inferior a 100 milhões de dólares estadunidenses, ou equivalente em outra moeda estrangeira de livre conversibilidade, atestado por auditor externo (art.8º, II, Resolução CNSP 168/07). Além disso, deverá contar com avaliação de solvência em nível mínimo estabelecido por agência classificadora de risco e reconhecida pela SUSEP. O legislador brasileiro optou por adotar níveis conforme os critérios de quatro agências internacionalmente reconhecidas e com padrão de excelência no setor de seguros, quais sejam, Standard & Poors, Fitch, Moody's e AM Best (art. 8º, III, Resolução CNSP 168/07).

Some-se a isso, para garantia de suas operações no país, os resseguradores admitidos deverão manter junto à instituição financeira autorizada a operar em câmbio, conta em moeda estrangeira, vinculada à SUSEP, com um saldo mínimo de 5 milhões de dólares estadunidenses ou equivalente em outra moeda de livre conversibilidade, para resseguradores atuantes em todos os ramos; e de 1 milhão de dólares estadunidenses ou equivalente para aqueles apenas atuantes no ramo de pessoas. Outros documentos necessários encontram-se ainda enumerados no art. 8º, da Resolução CNSP 168/07.

A lei brasileira não poderia deixar de considerar neste capítulo a possibilidade de cadastramento do Lloyd's de Londres[27]

---

27 Corporação que congrega os subscritores e corretores membros e regula e coordena as suas atividades, bem como coleta e repassa informações pertinentes aos negócios. Além do Lloyd's of London existe ainda a Lloyd's Association, que é um grupamento de subscritores individuais, que contribuem para um fundo comum e que são responsáveis pela parcela de risco que é colocada no nome de cada um, proporcionalmente às respectivas contribuições. Cada subscritor individual é responsável apenas pela sua parte e não responde pelas participações dos outros. (IRB Brasil Re. Dicionário de seguros, 2ª ed. Rio de Janeiro, FUNENSEG, 2000)

na condição de ressegurador admitido. Assim estabelecem o art. 9º, da Resolução CNSP 168/07, e o art. 6º, da Circular SUSEP 359/08. Contudo, além das exigências a qualquer outro ressegurador admitido, o Lloyd's deverá apresentar ainda, anualmente, uma relação dos sindicatos e subscritores membros habilitados a realizar operações no Brasil com garantia de seu Fundo Central, assumindo o Lloyd's responsabilidade subsidiária pelas obrigações contraídas por seus sindicatos e subscritores, que serão considerados uma só entidade.

Por outro lado, o Fundo Central mantido pelo mercado do Lloyd's de Londres, para garantia de seus sindicatos, será aceito como patrimônio exigido para os resseguradores admitidos, para fins de cadastro e manutenção. A SUSEP poderá também, a qualquer momento, cancelar o cadastro de ressegurador admitido que deixar de atender a quaisquer dos requisitos legais enumerados no art. 8º da Resolução CNSP 168/07, bem como excluir ou substituir agência classificadora de risco referida no inciso III do referido dispositivo legal.

Ainda relativamente ao mercado do Lloyd's, deve ficar claro que o mesmo será avaliado tanto em grupo (no agregado) como por sindicato, não havendo consenso entre as agências sobre a conveniência de avaliação por ambas as formas. Por conseguinte, o *rating* do mercado reflete uma média da situação dos diversos sindicatos, seus fundos no Lloyd's e correspondente garantia do Fundo Central. Por outro lado, o *rating* individual é mais específico, embora não reflita os parâmetros diferentes adotados pelas agências, pois os sindicatos não são pessoas jurídicas, não efetuam retenção de lucros e não possuem o seu próprio patrimônio líquido.

III — ressegurador eventual: empresa resseguradora estrangeira sediada no exterior sem escritório de representação no País que, atendendo às exigências previstas nesta Lei Complementar e nas normas aplicáveis à atividade de resseguro e retrocessão, tenha sido cadastrada como tal no órgão fiscalizador de seguros para realizar operações de resseguro e retrocessão.

A lei complementar e seu regulamento definem com exatidão os diversos tipos de resseguradores, dentre os quais o eventual, que se sujeita a maiores exigências, principalmente quanto à solvência e ao patrimônio líquido. Dessa forma, os resseguradores eventuais deverão comprovar um patrimônio líquido não inferior a 150 milhões de dólares estadunidenses ou equivalente em outra moeda estrangeira de livre conversibilidade, atestado por auditor externo. Deverão ainda apresentar níveis mínimos de solvência, conforme *ratings* de agências classificadoras de risco enumerados no art. 10, III, da Resolução CNSP 168/07.

Vale lembrar que o legislador exige ainda, tanto de resseguradores admitidos como dos eventuais, um documento comprobatório de parte do órgão supervisor de seguros ou resseguros do respectivo país de origem, informando que o ressegurador encontra-se em situação regular, relativamente à solvência frente a tal entidade de supervisão. A SUSEP, por sua vez, tem a possibilidade de suspender ou cancelar o cadastro de ressegurador admitido ou eventual, que deixe de atender a qualquer dos requisitos mínimos legais exigidos pela entidade.

Parágrafo único. É vedado o cadastro a que se refere o inciso III do caput deste artigo de empresas estrangeiras sediadas em paraísos fiscais, assim considerados países ou dependências que não tributam a renda ou que a tributam à alíquota inferior a 20% (vinte por cento) ou, ainda, cuja legislação interna oponha sigilo relativo à composição societária de pessoas jurídicas ou à sua titularidade.

Os denominados paraísos fiscais são países ou regiões que oferecem favores fiscais a pessoas físicas e jurídicas. Tais favores fiscais poderão consistir em isenção de impostos incidentes em transações internacionais ou sobre rendimentos de origem estrangeira, bem como poderão consubstanciar-se em privilégios especiais a determinados tipos de empresa. A principal finalidade da instituição de um paraíso fiscal é desenvolver economicamente uma região que não possui recursos naturais suficientes ou que se encontre em zona de difícil acesso. O paraíso fiscal atrai capitais por evitar ou adiar o pagamento de tributos, melhorando assim a eficiência dos investimentos ali realizados.

Por outro lado, os paraísos fiscais impedem qualquer controle indevido por parte de governos sobre o patrimônio de seus cidadãos, assegurando o respeito aos bens é à vida privada de indivíduos e empresas. Normalmente, países e regimes políticos que discriminam os denominados paraísos fiscais são aqueles que oprimem seus cidadãos através de tributação excessiva e desproporcional. Países que possuem um regime tributário adequado não se preocupam com evasão de divisas, pois seus cidadãos têm poucos motivos para buscar paraísos fiscais. Por uma questão de coerência, os regimes que discriminam os paraísos fiscais não deveriam aceitar investimentos enviados de tais lugares. Contudo, bem ao contrário de uma via de mão dupla, tais regimes políticos beneficiam-se com o ingresso de investimentos oriundos dos paraísos fiscais, contudo lhes dificultam a existência, impondo restrições variadas à remessa de investimentos de seus cidadãos.

A discriminação dos paraísos fiscais contida na lei brasileira do resseguro além de criticável parece inócua, na medida em que as resseguradoras sediadas em locais assim considerados paraísos fiscais[28] poderão operar a partir de empresas sediadas em jurisdi-

---

28 A definição de paraíso fiscal seria aquela adotada atualmente pela Secretaria da Receita Federal, já referida na LC 126/07 e reproduzida na Resolução CNSP 168/07. A lista de paraísos fiscais inclui 53 jurisdições e decorre de entendimento da Secretaria da Receita Federal enunciado na Instrução Normativa SRF 188, de 6 de agosto de 2002. Os países e as dependências ali relacionados são os seguintes: (1) Andorra; (2) Anguilla; (3) Antígua e Barbuda; (4) Antilhas Holandesas; (5) Aruba; (6) Comunidade das Bahamas; (7) Bahrein; (8) Barbados; (9) Belize; (10) Ilhas Bermudas; (11) Campione D'Italia; (12) Ilhas do Canal (Alderney, Guernsey, Jersey e Sark); (13) Ilhas Cayman; (14) Chipre; (15) Cingapura; (16) Ilhas Cook; (17) República da Costa Rica; (18) — Djibouti; (19) Dominica; (20) Emirados Árabes Unidos; (21) Gibraltar; (22) Granada; (23) Hong Kong; (24) Lebuan; (25) Líbano; (26)

ções aceitas pelo rigorismo do legislador pátrio. O objetivo pretendido torna-se, desse modo, apenas mais um entrave burocrático ao funcionamento de um sistema de resseguro, que desponta no país ainda engessado.

Seção II

Das Regras Aplicáveis

Art. 5º Aplicam-se aos resseguradores locais, observadas as peculiaridades técnicas, contratuais, operacionais e de risco da atividade e as disposições do órgão regulador de seguros:

I — o Decreto-Lei nº 73, de 21 de novembro de 1966, e as demais leis aplicáveis às sociedades seguradoras, inclusive as que se referem à intervenção e liquidação de empresas, mandato e responsabilidade de administradores; e

II — as regras estabelecidas para as sociedades seguradoras.

No Brasil, os resseguradores locais estarão sujeitos ao mesmo arcabouço jurídico aplicável às seguradoras. Nesse contexto, estarão diretamente sujeitos à supervisão da SUSEP, bem como às disposições do CNSP quanto a requisitos e procedimentos para constituição, autorização de funcionamento, transferência de controle societário, reorganização societária e cancelamento de

---

Libéria; (27) Liechtenstein; (28) Luxemburgo (relativamente às sociedades *holding* sujeitas à lei luxemburguesa de 31 de julho de 1929); (29) Macau; (30) Ilha da Madeira; (31) Maldivas; (32) Malta; (33) Ilha de Man; (34) Ilhas Marshall; (35) Ilhas Maurício; (36) Mônaco; (37) Ilhas Montserrat; (38) Nauru; (39) Ilha Niue; (40) Sultanato de Omã; (41) Panamá; (42) Federação de São Cristóvão e Nevis; (43) Samoa Americana; (44) Samoa Ocidental; (45) San Marino; (46) São Vicente e Granadinas; (47) Santa Lúcia; (48) Seychelles; (49) Tonga; (50) Ilhas Turks e Caicos; (51) Vanuatu; (52) Ilhas Virgens Americanas; e (53) Ilhas Virgens Britânicas.

autorização de funcionamento, e sobre a eleição ou nomeação de membros de órgãos estatutários das sociedades também supervisionadas pela SUSEP.

Art. 6º O ressegurador admitido ou eventual deverá atender aos seguintes requisitos mínimos:

I — estar constituído, segundo as leis de seu país de origem, para subscrever resseguros locais e internacionais nos ramos em que pretenda operar no Brasil e que tenha dado início a tais operações no país de origem, há mais de 5 (cinco) anos;

II — dispor de capacidade econômica e financeira não inferior à mínima estabelecida pelo órgão regulador de seguros brasileiro;

III — ser portador de avaliação de solvência por agência classificadora reconhecida pelo órgão fiscalizador de seguros brasileiro, com classificação igual ou superior ao mínimo estabelecido pelo órgão regulador de seguros brasileiro;

IV — designar procurador, domiciliado no Brasil, com amplos poderes administrativos e judiciais, inclusive para receber citações, para quem serão enviadas todas as notificações; e

V — outros requisitos que venham a ser fixados pelo órgão regulador de seguros brasileiro.

Parágrafo único. Constituem-se ainda requisitos para os resseguradores admitidos:

I — manutenção de conta em moeda estrangeira vinculada ao órgão fiscalizador de seguros brasileiro, na forma e montante definido pelo órgão regulador de seguros brasileiro para garantia de suas operações no País;

II — apresentação periódica de demonstrações financeiras, na forma definida pelo órgão regulador de seguros brasileiro.

Art. 7º A taxa de fiscalização a ser paga pelos resseguradores locais e admitidos será estipulada na forma da lei.

Os dois artigos acima apresentam uma lista de requisitos exigidos dos resseguradores admitidos e eventuais. As especificidades relativas à capacidade econômica e financeira, bem como em relação aos níveis de solvência avaliados por agência de classificação de risco, referidos nos incisos II e III do art. 6º, encontram-se disciplinados na Resolução CNSP 168/07. Por seu turno, a Circular SUSEP 359/08 estabelece procedimentos para o cadastramento de resseguradores admitidos no Brasil e para obtenção de autorização prévia da SUSEP para instalação de escritório de representação.

A autorização prévia da SUSEP para o escritório de representação do ressegurador admitido está condicionada à apresentação dos seguintes documentos: 1) Documento comprobatório do órgão supervisor de seguros ou resseguros do país de origem da empresa, com a informação de que o ressegurador encontra-se constituído segundo as leis de seu país de origem, para subscrever resseguros locais e internacionais, nos ramos em que pretenda operar no Brasil e que tenha dado início a tais operações no país de origem, há mais de cinco anos; e o ressegurador encontra-se em situação regular, quanto a sua solvência, perante o órgão supervisor. 2) Balanço e demonstração de resultado do último exercício, com os respectivos relatórios dos auditores independentes. 3) Atestado dos auditores independentes, caso não esteja explícito no balanço do último exercício que o valor do patrimônio líquido atende o disposto no inciso II, do art. 8º, da Resolução CNSP 168/07. 4) Classificação de solvência, emitida por uma das seguintes agências classificadora de risco: Standard & Poor's, Fitch Ratings, Moody's Investors Services ou A.M. Best Company. 5) Procuração, designando um mandatário, pessoa física, domiciliada no Brasil, com amplos poderes administrativos e judiciais, inclusive para receber citações e com indicação do prazo do mandato, vedado expressamente o substabelecimento. 6) Comprovante de que a legislação vigente no seu país de origem permite a movimentação de moedas de livre conversibilidade, para cumprimento de compromissos de resseguro no exterior. 7) Solicitação de abertura de conta em moeda estrangeira no Brasil, vinculada à SUSEP, em banco autorizado a operar em câmbio no Brasil. 8) Ato de deliberação nomeando o(s) representante(s) no Brasil, nos termos do artigo 29 e 30, da Resolução CNSP 168/07. 9) Ato de deliberação sobre a abertura de escritório de representação no Brasil. 10) Solicitação de autorização prévia da SUSEP, para a abertura de escritório de representação, indicando a forma de constituição a ser adotada.

Cabe enfatizar que toda a documentação oriunda de outro país deverá ser devidamente consularizada, salvo os documentos provenientes de países com os quais o Brasil tenha celebrado acordo internacional, e estar acompanhada, quando redigida em outro idioma, de tradução ao português, realizada por tradutor público juramentado, na forma da legislação vigente, ressalvada manifestação contrária e expressa da SUSEP. Algumas informações deverão ser atualizadas anualmente (1, 2 e 4, acima), até o dia 30 de abril de cada ano.

O escritório de representação deverá ter por objeto exclusivo a realização das atividades de representação do ressegurador admitido no Brasil e terá em sua denominação aquela do ressegurador admitido, acrescida da expressão "Escritório de Representação no Brasil". O escritório poderá ser constituído sob uma das seguintes formas: a) dependência do ressegurador estrangeiro na forma da legislação em vigor; ou b) sociedade brasileira que atenda os seguintes requisitos: 1. participação mínima, do ressegurador admitido representado, de quatro quintos do capital social; 2. menção no estatuto ou contrato social de que o objeto exclusivo da sociedade brasileira é representar o seu controlador no Brasil, nos termos da LC 126/07 e da Resolução CNSP 168/07; 3. cumprimento de normas sobre eleição ou nomeação de membros de órgãos estatutários das sociedades supervisionadas pela SUSEP, por parte dos sócios gerentes ou membros de órgãos estatutários da sociedade brasileira; 4. o(s) representante(s) no Brasil, de que tratam os artigos 29 e 30 da Resolução CNSP 168/07, deve(m) constar como sócio(s)-gerentes(s) ou diretores da sociedade brasileira.

Além de apresentar todos os documentos acima enumerados e cumprir todas as determinações referidas da Circular SUSEP 359/08, o cadastramento do ressegurador admitido poderá ser concedido mediante a apresentação e análise dos seguintes documentos: 1) Comprovação de conta em moeda estrangeira no Brasil, vinculada à SUSEP, em banco autorizado a operar em câmbio no país, com saldo mínimo de: a) US$ 5.000.000,00, ou equivalente em outra moeda estrangeira de livre conversibilidade, para resseguradores atuantes em todos os ramos; ou b) US$ 1.000.000,00, ou equivalente em outra moeda estrangeira de livre conversibilidade, para resseguradores atuantes somente no ramo de pessoas. 2) Estatuto ou contrato social e última alteração contratual do escritório de representação, devidamente arquivado no Registro Público de Empresas Mercantis, no caso de sociedade brasileira; 3) Cópia da publicação do decreto de autorização, devidamente arquivado no Registro Público de Empresas Mercantis, no caso de dependência de sociedade estrangeira.

Uma mesma companhia resseguradora não poderá se cadastrar como ressegurador admitido e eventual. O ressegurador eventual poderá solicitar a alteração de seu cadastro para a condição de ressegurador admitido, desde que atenda a todas as exigências estabelecidas na Circular SUSEP 359/08, acima comentada.

CAPÍTULO IV

DOS CRITÉRIOS BÁSICOS DE CESSÃO

Art. 8º A contratação de resseguro e retrocessão no País ou no exterior será feita mediante negociação direta entre a cedente e o ressegurador ou por meio de intermediário legalmente autorizado.

O presente capítulo disciplina as condições para a contratação de resseguro, em especial a tão discutida oferta preferencial de cessão de resseguro a resseguradores locais. O objetivo pretendido pelo legislador foi o de proteger o mercado local, favorecendo o estabelecimento de resseguradoras no país. Os montantes dos percentuais das cessões encontram-se referidos no art. 11 da presente lei.

Restou definido que as seguradoras cedentes deverão efetuar uma consulta documentada a um ou mais resseguradores de sua escolha, e que no caso de recusa, total ou parcial, por insuficiência de capacidade de retenção do ressegurador ou resseguradores locais, a cedente deverá continuar a oferecer o risco a outros resseguradores locais, até esgotar a capacidade de retenção de todos eles no mercado doméstico. Observe-se que a recusa aqui referida deverá decorrer de insuficiência de capacidade, e não outros motivos alegáveis relativos ao risco ou a práticas de subscrição da cedente. A oferta preferencial aqui disciplinada aplica-se tanto aos contratos automáticos como aos facultativos de resseguro.

Quando a cedente, o ressegurador ou o retrocessionário pertencerem ao mesmo conglomerado financeiro ou forem empresas ligadas[29], as operações de resseguro ou retrocessão deverão ser informadas à SUSEP, conforme regulamentação específica. Igualmente estarão sujeitas à informação regulamentar à SUSEP operações de resseguro ou retrocessão efetuadas com um único ressegurador admitido ou eventual em percentual superior ao disposto na tabela prevista no art. 14, § 3º da Resolução CNSP 168/07. Convém lembrar que a tabela originalmente publicada foi pouco tempo depois retificada pela SUSEP, conforme publicação de 10.1.2008, no Diário Oficial da União (DOU).

Através do estabelecimento da oferta preferencial de cessão aos resseguradores locais, o legislador pátrio pretendeu obter uma solução de consenso, isto é, um mecanismo que agradasse a todos os interessados no longo processo de abertura do resseguro. No entanto, a solução parece não ter agradado a ninguém, atropelando princípios de diversos matizes. Vale enfatizar, todavia, que a solução foi adotada para possibilitar o acordo político

---

29 Conforme estabelece o § 2º da Resolução CNSP 168/07, consideram-se empresas ligadas, ou pertencentes ao mesmo conglomerado financeiro, aquelas assim definidas pelas normas do CNSP, que dispõem sobre os critérios para a realização de investimentos pelas sociedades supervisionadas pela SUSEP.

necessário à aprovação da presente lei complementar. Foi uma concessão de caráter mais político do que técnico, que deverá ser digerida pelo mercado, pelo menos até 2010, quando então diminui o percentual de oferta preferencial previsto em lei e se abre o caminho para uma eventual exclusão desse discutível mecanismo de reserva de mercado.

§ 1º O limite máximo que poderá ser cedido anualmente a resseguradores eventuais será fixado pelo Poder Executivo.

Os resseguradores eventuais são aqueles que, como vimos, não estão estabelecidos no Brasil, mas que deverão forçosamente estar cadastrados junto à SUSEP para poderem operar no país. Tais empresas, além de se sujeitarem às exigências do art. 11 da Resolução CNSP 168/07, estarão ainda restritos a participar apenas de uma reduzida parcela do mercado doméstico de resseguros, a qual será definida pelas autoridades competentes. O legislador pretendeu assim — além de fomentar as empresas resseguradoras locais através do mecanismo de oferta preferencial — limitar a participação das resseguradoras eventuais no montante de resseguros movimentado no país. Mediante a aplicação adequada do presente dispositivo legal, a autoridade governante terá a possibilidade de regular periodicamente o mercado de resseguros brasileiro, aumentando ou diminuindo a parcela atribuível às resseguradoras domiciliadas no exterior, conforme as necessidades da economia nacional.

§ 2º O intermediário de que trata o caput deste artigo é a corretora autorizada de resseguros, pessoa jurídica, que disponha de contrato de seguro de responsabilidade civil profissional, na forma definida pelo órgão regulador de seguros, e que tenha como responsável técnico o corretor de seguros especializado e devidamente habilitado.

A função de intermediário no resseguro adquire no Brasil ainda maior importância, na medida em que os mesmos poderão desempenhar um papel relevante para as cedentes, qual seja, o de formatar processos específicos que satisfaçam as exigências legais da denominada oferta preferencial. O intermediário é, pois, a pessoa por intermédio da qual se realizam os negócios. Também designado *broker* no resseguro, o corretor aproxima as partes, solicita cotações, negocia taxas e adquire coberturas. O termo corretor deriva do verbo "correr", pois designa a pessoa que se move, que procura e entabula negócios para os seus clientes. Os corretores de resseguro são remunerados basicamente através de comissões sobre prêmios cedidos, que repassam aos resseguradores. Algumas vezes, o corretor pode receber alguma participação nos lucros sobre negócios cuja sinistralidade tenha sido favorável.

Geralmente, as sociedades corretoras de resseguro elaboram os contratos que negociam. Tais contratos são submetidos à cedente para aprovação e então encaminhados ao ressegurador para aceitação. Além dessa atividade principal, as corretoras podem ainda oferecer outros serviços às seguradoras cedentes como apoio à subscrição de riscos, assessoria na regulação de sinistros e no provisionamento de reservas, etc.

No Brasil, a corretora de resseguros é forçosamente uma pessoa jurídica. Quando não for legalmente constituída no país, a corretora de resseguros estrangeira deverá possuir autorização para operar no Brasil; se revestir a forma de sociedade anônima, estará sujeita aos termos dos artigos 64 a 73 do Decreto-Lei nº 2.627, de 26 de setembro de 1940; nos demais casos, estará sujeita aos artigos 1.134 a 1.141 da Lei nº 10.406, de 10 de janeiro de 2002.

Compete à SUSEP autorizar o funcionamento das sociedades corretoras de resseguros, as quais estarão sujeitas às condições arroladas no art. 5º, da Resolução CNSP 173/07, salvo quando já credenciadas pelo IRB-Brasil Resseguros S.A. até a data da publicação da referida Resolução. Neste caso, bastará comprovar documentalmente junto à SUSEP o credenciamento, para a obtenção da autorização de funcionamento.

Obtida a autorização para funcionamento, e sob pena de cancelamento, a corretora de resseguros deverá contratar no Brasil, no prazo máximo de 30 dias, contados da data da referida autorização, uma apólice de seguro de responsabilidade civil profissional, com limite mínimo de garantia de BRL 10 milhões, ou equivalente em moeda estrangeira de livre conversibilidade, para responder pelo cumprimento das obrigações relativas aos serviços prestados ou por prejuízos causados no âmbito de sua atividade profissional. A apólice deverá permanecer vigente durante todo o prazo das obrigações contraídas como corretora de resseguros, conter cláusula de reintegração automática total de seu limite de garantia, e não ter franquia superior a BRL 1 milhão ou equivalente.

A sociedade corretora de resseguros terá um responsável técnico perante a SUSEP. Essa pessoa deverá ser corretor de seguros devidamente habilitado e comprovar experiência em corretagem de resseguros de, no mínimo, dois anos. O responsável técnico deverá também ter domicílio no Brasil (Resolução CNSP 173/07, art. 9º).

É usual no mercado internacional de resseguros que os valores de prêmios e sinistros sejam transferidos através do intermediário do negócio contratado. A cedente transfere os prêmios e o corretor os repassa ao ressegurador, deduzida a respectiva comissão. Nos programas de resseguro, onde há pluralidade de resseguradores, o corretor distribui os prêmios recebidos da cedente e recolhe as parcelas devidas pelos resseguradores em caso de sinistro. Muitas vezes, há saldos credores e devedores e o corretor pode compensar valores. Por essa razão, o legislador brasileiro determina no art. 11 da Resolução CNSP 173/07 que as sociedades corretoras de resseguros deverão manter no país contas correntes para intermediação de resseguros e retrocessões. Tais contas deverão ser utilizadas exclusivamente para pagamentos e recebimentos referentes a transações de resseguros e retrocessões intermediadas.

Para uma cedente, são inúmeras as vantagens de buscar proteção de resseguro através de corretores, que têm experiência em estruturar programas de coberturas e em negociar com as resseguradoras internacionais. Assim, a cedente se beneficia de um acesso mais amplo ao mercado, obtendo, normalmente, melhores termos e condições do que se negociasse sozinha. Por outro lado, geralmente os corretores têm contato com mais resseguradoras ao redor do mundo, obtendo assim maior capacidade disponível para a cedente e melhores preços de cobertura.

Art. 9º A transferência de risco somente será realizada em operações:
I — de resseguro com resseguradores locais, admitidos ou eventuais; e
II — de retrocessão com resseguradores locais, admitidos ou eventuais, ou sociedades seguradoras locais.

São incontáveis as modalidades de transferência de riscos, dentre as quais se encontra também o seguro e o resseguro. A restrição contida neste dispositivo legal parece pretender sepultar uma prática estabelecida no Brasil, qual seja, o co-seguro como forma de pulverização de riscos entre seguradoras.

Em um regime de monopólio de resseguro, era compreensível que as cedentes buscassem alternativas ao IRB, porém o co-seguro mantinha o risco integralmente dentro do país. Por outro lado, a subscrição em co-seguro era delicada, na mediada em que as empresas concorrentes deveriam ter acesso a dados sensíveis de suas parceiras no co-seguro. Todavia, o inciso II da lei permite que as seguradoras locais possam aceitar riscos em retrocessão efetuada pelos resseguradores atuantes no mercado brasileiro.

§ 1º As operações de resseguro relativas a seguro de vida por sobrevivência e previdência complementar são exclusivas de resseguradores locais.
§ 2º O órgão regulador de seguros poderá estabelecer limites e condições para a retrocessão de riscos referentes às operações mencionadas no § 1º deste artigo.

O seguro de vida por sobrevivência constitui um produto de crescente aceitação no mercado brasileiro e de grandes perspectivas em termos de volume de prêmios. Desse modo, o legislador pretendeu manter esses recursos no país, evitando que sejam transferidos ao exterior na forma de prêmios de resseguro. Do mesmo modo, a previdência complementar representa já grande parcela da atividade seguradora nacional e importa manter os recursos ali gerados no território pátrio, dificultando a evasão de divisas. Por conseguinte, apenas os resseguradores locais estão autorizados a efetuar tais operações. No entanto, o resseguro poderia ser posteriormente retrocedido ao exterior, tornando inócuo o esforço do legislador. Mas o § 2º, sabiamente, atribui ao CNSP a possibilidade de estabelecer limites e condições às retrocessões de tais riscos. Desse modo, conforme os interesses nacionais e o desenvolvimento do mercado, tais limites poderão ser ajustados para equilibrar necessidades econômicas.

Vale lembrar que, conforme dispõe o parágrafo único do art. 17 da Resolução CNSP 168/07, as coberturas de riscos dos seguros de pessoas, como, por exemplo, o seguro de acidentes pessoais e o de saúde, existentes ou comercializados em conjunto com planos de seguros de vida por sobrevivência ou planos de previdência, não estão sujeitos à restrição prevista no § 1º do presente artigo.

Art. 10. O órgão fiscalizador de seguros terá acesso a todos os contratos de resseguro e de retrocessão, inclusive os celebrados no exterior, sob pena de ser desconsiderada, para todos os efeitos, a existência do contrato de resseguro e de retrocessão.

Para efetuar o controle dos complexos mecanismos estabelecidos pela presente lei, cumpre à SUSEP poder ter acesso a informações completas relativas à contratação de coberturas de resseguro e de retrocessão. O dispositivo legal dirige-se, evidentemente, às resseguradoras locais, bem como àqueles negócios celebrados com resseguradoras admitidas ou eventuais que envolvam riscos localizados no território brasileiro, de empresas nacionais ou de cedentes ou retrocedentes locais.

Em poucas palavras, quem realizar operações de resseguro ou retrocessão no país, com riscos aqui localizados ou com empresas aqui sediadas, deverá manter à disposição da SUSEP um controle efetivo de seus contratos, da sua carteira cedida e/ou aceita, dos intermediários, dos prêmios estimados e efetivos, das recuperações de sinistros, bem como de qualquer informação relevante.

O presente dispositivo legal estabelece, portanto, um ato formal, qual seja, a informação à SUSEP sobre a celebração de contrato de resseguro ou de retrocessão. Por conseguinte, tal informação é pressuposto indispensável à existência legal do negócio. A liberdade dos agentes ao firmar o contrato necessita de uma formalidade especial, criada por lei para que o negócio jurídico possa produzir efeitos. Inexistindo a informação à SUSEP, o contrato é nulo, pois inexistente. Trata-se aqui de nulidade absoluta — pois vício de existência do ato jurídico. Assim, a forma prescrita em lei é da própria substância do ato, sem a qual o mesmo não se efetiva. O ato inexistente é bem diferente do ato inválido, já que não necessita de manifestação judicial para o seu reconhecimento, constituindo-se apenas de um ato aparente. O ato inexistente não gera qualquer efeito, ao contrário dos atos nulos e anuláveis. Mesmo um ato nulo poderá gerar efeitos frente a terceiros de boa-fé[30].

Conforme dispõe o Código Civil brasileiro (CCB) em seu art. 104, III, a validade do negócio jurídico requer forma prescrita ou não defesa em lei. Todavia, a forma do ato jurídico é a exceção. Como ensina Gustavo Tepedino, "os negócios jurídicos devem ser analisados em três planos distintos, concernentes à sua existência, validade e eficácia, valendo-se o Direito Civil de

---

30 Art. 1563, Código Civil brasileiro. A sentença que decretar a nulidade do casamento retroagirá à data da sua celebração, sem prejudicar a aquisição de direitos, a título oneroso, por terceiros de boa-fé, nem a resultante de sentença transitado em julgado.

três noções autônomas, por vezes indistintamente tratadas: os pressupostos, os elementos e os requisitos do negócio. Os pressupostos são os fatos jurídicos anteriores indispensáveis à sua configuração. Os elementos são os componentes do negócio, como as peças de uma engrenagem, as frações que o compõem. Os requisitos são as qualidades que se exige dos elementos."[31] Por conseguinte, preterida a necessária informação à SUSEP, a sanção correspondente será a nulidade do ato, conforme preceitua o art. 166, IV e V, do CCB.

Na prática, o contrato de resseguro ou de retrocessão celebrado e não informado a SUSEP não existirá perante a ordem jurídica nacional. Não poderá ser discutido perante o judiciário brasileiro e nem mesmo em sede de arbitragem no Brasil. Em caso de litígio, as partes poderiam firmar convenção de arbitragem indicando a sede fora do território nacional, ou valer-se de direito alienígena de alguma das partes contratantes, submetendo o processo à autoridade judicial estrangeira.

Art. 11. Observadas as normas do órgão regulador de seguros, a cedente contratará ou ofertará preferencialmente a resseguradores locais para, pelo menos:

I — 60% (sessenta por cento) de sua cessão de resseguro, nos 3 (três) primeiros anos após a entrada em vigor desta Lei Complementar; e

II — 40% (quarenta por cento) de sua cessão de resseguro, após decorridos 3 (três) anos da entrada em vigor desta Lei Complementar.

Uma das questões mais controvertidas da lei brasileira de resseguros diz respeito à oferta preferencial de cessão. A intenção do legislador foi proteger o mercado local, favorecendo o estabelecimento de resseguradoras no país. Por isso, as cedentes

---

[31] TEPEDINO, Gustavo e outros. Código Civil interpretado conforme a Constituição da República, p. 213.

deverão garantir aos resseguradores locais uma oferta preferencial de cada cessão de resseguro no montante mínimo de 60% do prêmio cedido, até o dia 16 de janeiro de 2010, e de 40% após o dia 16 de janeiro de 2010. Lamentavelmente o legislador não estabeleceu prazo para a extinção total da oferta preferencial, deixando ao mercado a tarefa de negociar a alteração legislativa já com experiência de, no mínimo, dois anos de atividade resseguradora desmonopolizada.

As negociações para a contratação de resseguro ou retrocessão no Brasil ou no exterior serão realizadas diretamente entre as cedentes e seus resseguradores ou através de corretoras de resseguro. A cedente deverá encaminhar uma consulta formal a um ou mais resseguradores locais de sua livre escolha. Em caso de recusa total ou parcial do risco ou de parte dele, por insuficiência de capacidade de retenção do ressegurador ou resseguradores locais escolhidos, a cedente deverá continuar oferecendo o excedente a outros resseguradores locais, até esgotar a capacidade de retenção de todos eles.

A consulta efetuada pela cedente deverá conter os termos, as condições e todas as informações necessárias para a análise do risco, garantindo um tratamento igualitário entre todos os resseguradores locais consultados. Estes, por sua vez, terão o prazo máximo de cinco dias úteis, no caso de contratos facultativos, ou de dez dias úteis, no caso de contratos automáticos (art. 15, § 3º, Resolução CNSP 168/07), para formalizar a aceitação total ou parcial da oferta encaminhada. Decorrido o prazo de aceitação sem manifestação por parte do ressegurador, o silêncio será considerado como recusa.

As seguradoras poderão incluir na consulta cotações de resseguradores admitidos ou eventuais, que estejam comprometidos a aceitar, isoladamente ou em conjunto, as mesmas condições ofertadas, com a indicação dos respectivos percentuais de aceitação, cuja soma não poderá ser inferior a 60% da cessão de resseguro (art. 15, § 4º, Resolução CNSP 168/07). Neste caso, se nenhum ressegurador local concordar em aceitar o risco pelo mesmo preço oferecido por empresas admitidas ou eventuais, a cedente estará livre para negociar a sua cessão mediante as condições de preço mais favoráveis (art. 15, § 6º, III, Resolução CNSP 168/07). Por conseguinte, a oferta preferencial confere ao mercado local apenas uma oportunidade singular e prévia de subscrever uma parcela das cessões, entretanto desde que em condições de preço de mercado semelhantes às oferecidas pela concorrência estrangeira.

A oferta preferencial prevista na lei brasileira do resseguro obriga as seguradoras a manter em arquivo inúmeros documentos relativos a cada cessão ou aceitação. Para o fiel funcionamento do sistema de preferência estabelecido pelo legislador, torna-se fundamental que cada transação de resseguro ou retrocessão esteja de tal modo documentada, de modo a comprovar o exato cumprimento das exigências legais. Vale dizer, a cedente deverá, por cinco anos — contados do encerramento do período determinado para a oferta preferencial (art. 16, Resolução CNSP 168/07) — poder comprovar, em relação a cada negócio, que ofereceu a parcela obrigatória do risco aos resseguradores locais, que a aceitaram ou recusaram; que resseguradores admitidos ou eventuais ofereceram melhores condições para o risco, os ressseguradores locais foram consultados, mas não aceitaram tais condições mais favoráveis; que a parcela restante do risco e, portanto, liberada, foi cedida em tais e quais condições, etc.

Demonstrando preocupação quanto à concentração e pulverização de riscos, o CNSP optou por manter uma política de desenvolvimento da capacidade de retenção das empresas locais, inibindo as denominadas operações estruturadas, com estabelecimento de empresas que realizam *fronting* ou baixo nível de retenção. Essa política visa a reduzir a dependência da capacidade internacional. Para tanto, o art. 16 da Resolução CNSP 168/07 estabelece um limitador máximo anual de cessões globais de 50%, que poderá ser flexibilizado em alguns casos considerados tecnicamente necessários.

As operações de resseguro relativas a seguro de vida por sobrevivência e previdência complementar são exclusivas das resseguradoras locais (art. 17, Resolução CNSP 168/07), todavia as coberturas de riscos dos seguros de pessoas, existentes ou comercializadas em conjunto com planos de seguros de vida por sobrevivência ou planos de previdência, não estão sujeitas a essa restrição legal.

§ 1º (VETADO).

§ 2º (VETADO)

§ 3º(VETADO)

§ 4º (VETADO)

§ 5º (VETADO)

§ 6º (VETADO)

CAPÍTULO V

DAS OPERAÇÕES

Seção I

Disposições Gerais

Art. 12. O órgão regulador de seguros estabelecerá as diretrizes para as operações de resseguro, de retrocessão e de corretagem de resseguro e para a atuação dos escritórios de representação dos resseguradores admitidos, observadas as disposições desta Lei Complementar.

As operações de resseguro, de retrocessão e de corretagem de resseguro estão sujeitas às determinações do CNSP, bem como às normas da SUSEP. Os resseguradores admitidos deverão instalar e manter escritório de representação no Brasil, mediante prévia autorização, conforme os dispositivos da Circular SUSEP 359/08. O escritório deverá ter como objeto a realização de atividades de representação do ressegurador admitido no país e a sua denominação será a mesma da empresa admitida, acrescida da expressão "Escritório de Representação no Brasil". Tal expressão deverá constar obrigatoriamente também em todos os impressos e materiais de publicidade da empresa, a qual deverá se abster de qualquer outra atividade empresarial, especialmente a subscrição de seguros diretos.

O escritório de representação deverá manter, permanentemente, um representante no Brasil, com plenos poderes para tratar de quaisquer questões e resolvê-las definitivamente. Este representante, em caso de impedimento, poderá se fazer representar por representante adjunto, que o substituirá para todos os fins, estando sujeito aos mesmos requisitos exigidos do representante titular. Os representantes poderão acumular as funções de procuradores do ressegurador admitido e apenas depois de arquivado o instrumento de sua nomeação no Registro Público de Empresas Mercantis é que os mesmos poderão entrar em relação com terceiros.

A instalação e manutenção do escritório de representação depende de autorização governamental, nos termos do art. 64, do Decreto-Lei 2.627/40. Caso a empresa estrangeira opte por constituir sociedade brasileira, nos termos do art. 3º, III, 4, da Circular SUSEP 359/08, os representantes deverão constar como sócios-gerentes ou diretores da mesma. Por outro lado, o art. 29, § 4º, da Resolução CNSP 168/07 é uma norma de fundamental importância, estabelecendo a solidariedade da matriz nas obrigações assumidas frente às cedentes brasileiras pelo representante do ressegurador admitido.

Parágrafo único. O órgão regulador de seguros poderá estabelecer:

I — cláusulas obrigatórias de instrumentos contratuais relativos às operações de resseguro e retrocessão;

II — prazos para formalização contratual;

III — restrições quanto à realização de determinadas operações de cessão de risco;

IV — requisitos para limites, acompanhamento e monitoramento de operações intragrupo; e

V — requisitos adicionais aos mencionados nos incisos I a IV deste parágrafo.

O presente parágrafo único da lei brasileira de resseguros confere ao CNSP amplos poderes de ingerência contratual nas operações de resseguro. Além de alguns termos e cláusulas obrigatórias, previstos na regulamentação da lei complementar (Resolução CNSP 168/07), o inciso V possibilita o estabelecimento de requisitos adicionais, que poderão ser criados conforme o desenvolvimento e as necessidades do mercado.

Nos contratos de resseguro e de retrocessão, não obstante algumas exigências legais, as cláusulas serão livremente estabelecidas pelas partes contratantes, de acordo com a boa técnica e as melhores práticas internacionais. Desse modo, os contratos deverão, no mínimo, prever o início e o término dos direitos e obrigações de cada uma das partes, bem como a forma de cessação das obrigações, em casos de cancelamento. Deverão estabelecer ainda os critérios para cancelamentos, descrever minuciosamente os riscos cobertos e os excluídos, assim como indicar o período de cobertura, determinando o início da responsabilidade do ressegurador e o exato momento em que as perdas encontram cobertura no contrato.

Dentre as cláusulas obrigatórias previstas pelo legislador brasileiro encontram-se aquelas estabelecidas nos artigos 13 e 16 da presente lei complementar (ver respectivos comentários). Outros requisitos obrigatórios de validade dos contratos de resseguro e retrocessão são a data da proposta, a data do aceite e o prazo de vigência da cobertura, especificando ainda o local que será usado como referência para a definição de hora de início e de término do contrato (art. 37, § 3º, Resolução CNSP 168/07).

Outra exigência legal, visando à proteção de riscos situados no território nacional, é a de que os contratos de resseguro devam incluir cláusula sujeitando eventuais disputas à legislação e à jurisdição brasileira — ressalvados os casos de cláusula de arbitragem, que se sujeitarão à respectiva legislação em vigor (art.

38, Resolução CNSP 168/07). A ressalva refere-se nitidamente à existência no contrato de resseguro ou de retrocessão de uma cláusula compromissória cheia[32], isto é, a cláusula de arbitragem que estabelece a modalidade de escolha e de nomeação dos árbitros ou que remete o procedimento arbitral a alguma instituição especializada. Desse modo, as partes contratantes subtraem dos tribunais estatais a apreciação do litígio, constituindo o tribunal arbitral como foro exclusivamente competente para a solução de uma controvérsia de interesses eminentemente privados. As demandas judiciais ou os procedimentos de arbitragem relativos ao pagamento de sinistros recusados pelos resseguradores deverão ser comunicados à SUSEP no prazo máximo de 30 dias, contados da data da sua instauração (art. 41, parágrafo único, Resolução CNSP 168/07). Por conseguinte, se o contrato de resseguro ou de retrocessão outorgar cobertura a riscos situados no território brasileiro e não contiver cláusula de arbitragem, deverá ter uma cláusula de foro, estabelecendo a autoridade jurisdicional brasileira como exclusivamente competente para julgar eventual litígio entre os contratantes.

As cedentes e os resseguradores locais deverão contar com um departamento de administração de contratos bem organizado, pois não são poucas as exigências legais relativas às suas operações. Com efeito, deverão permanecer à disposição da SUSEP todos os contratos celebrados — possibilitando um efetivo controle das carteiras de riscos cedidas ou aceitas, dos eventuais intermediários participantes nas transações, dos prêmios estimados e efetivos, das recuperações de sinistros — bem como outras informações pertinentes.

A formalização contratual prevista no inciso II do presente artigo deverá ocorrer em até 180 dias do início da vigência da cobertura (art. 37, Resolução CNSP 168/07). A inobservância dessa regra implica em desconsideração da data de início de vi-

---

[32] Mello, Sergio Ruy Barroso de. Arbitragem no Seguro e Resseguro, p. 23.

gência da cobertura, para todos os fins e efeitos. Vale dizer, a data de início da cobertura será sempre aquela que retroagirá, no máximo, 180 dias em relação à data de formalização do contrato. Por outro lado, durante o prazo legal referido, a cedente permanece responsável perante a SUSEP no que diz respeito à comprovação da operação de resseguro, assim como o aceite dos resseguradores na proposta de resseguro, será comprovação das coberturas contratadas. Conforme comentado, constitui requisito de validade do contrato a referência à data da proposta, à data do aceite e à data de vigência da cobertura, esta última com indicação de hora local de início e término.

Por conseguinte, no direito brasileiro, as *cover notes*[33] ou os *slips*[34] terão eficácia restrita, condicionados a um prazo de validade de 180 dias. Nos contratos automáticos tais documentos prévios contêm um resumo dos termos e condições do negócio. O corretor envia os *slips* aos resseguradores, que aceitam ou não a participação no contrato. Após os *slips* terem sido aceitos, assinados e devolvidos, o corretor elabora uma nota de cobertura, que será enviada à cedente e aos resseguradores participantes. Com base na nota de cobertura será formalizado o contrato de resseguro automático. No caso dos contratos de resseguro facultativo, a formalização contratual se dá através do certificado pertinente, que identifica o segurado, a seguradora cedente e a apólice objeto do resseguro. Este certificado define todos os termos do negócio, as condições e exclusões do resseguro e, eventual-

---

33 A *cover note* ou nota de cobertura é um documento elaborado pelo corretor informando a cedente de que o risco proposto foi aceito e que, portanto, a cobertura encontra-se em vigor. No resseguro internacional, a *cover note* é a comprovação da cobertura provisória, concedida pela resseguradora.

34 O *slip* é um documento amplamente utilizado no mercado internacional para a colocação de riscos, no qual os resseguradores informam a sua participação ou a participação aceita no risco. São documentos provisórios, reunidos pelo corretor de resseguro, que comprovam a vigência das coberturas até a formalização contratual.

mente, a comissão da cedente, constituindo o documento formal e final da operação.

As operações intragrupo, referidas no inciso IV, são aquelas realizadas entre empresas que detêm participações em outras, podendo haver assim influência na situação de solvência das mesmas. Para esses casos, é necessário um cálculo de solvência corrigida, que elimine a criação intragrupo de capital. O legislador brasileiro conferiu à SUSEP amplos poderes para estabelecer limites, acompanhar e monitorar as operações intragrupo. Em Portugal, o Regulamento 48/2002, do Instituto de Seguros de Portugal, e o art. 172 do Decreto-Lei nº 251, de 14.10.2003, tratam de matéria análoga, estabelecendo métodos de cálculo de solvência corrigida e determinando a desconsideração de qualquer elemento que provenha de um financiamento recíproco[35] entre empresas com participação de uma em outra. No âmbito da União Européia (UE), a fiscalização complementar de seguradoras que integram um grupo segurador já fora regulada pela Diretiva 98/78/CE, de 27.10.1998, do Parlamento Europeu e do Conselho da UE. As operações intragrupo encontram-se referidas no art. 8º dessa Diretiva.

No Brasil, as operações intragrupo estão associadas à definição, no caso concreto, do que se considera uma ligação de sociedades. Para os fins do resseguro, a Resolução CNSP 187/08 estabelece que empresas ligadas são aquelas em que (1) o ressegurador admitido participa, direta ou indiretamente, com 10% ou mais do capital da outra empresa; (2) os administradores do ressegurador admitido e respectivos parentes até o segundo grau, em conjunto ou isoladamente, participam, direta ou indiretamente, com 10% ou mais do capital; (3) os acionistas do ressegu-

---

35 Conforme o Regulamento 48/2002, do ISP, "considera-se que existe financiamento recíproco, designadamente, quando uma empresa de seguros ou qualquer das suas empresas participadas detém uma participação noutra empresa que, direta ou indiretamente, detém um elemento constitutivo da margem de solvência da primeira empresa, ou lhe concede empréstimos.

rador admitido com 10% ou mais do capital, participam, direta ou indiretamente, com 10% ou mais do capital da outra sociedade; (4) os administradores, no todo ou em parte, sejam os mesmos do ressegurador admitido, salvo cargos exercidos em órgãos colegiados, previstos estatutária ou regimentalmente, e desde que seus ocupantes não exerçam funções com poderes de gestão.

Os recursos exigidos no Brasil para a garantia das obrigações de um ressegurador admitido serão ser mantidos em contas vinculadas à SUSEP. Os valores poderão ser depositados em moeda estrangeira ou em reais, em nome no ressegurador admitido, em contas específicas e individualizadas abertas no sistema Especial de Liquidação e de Custódia — SELIC, em sistemas de registro e de liquidação financeira de ativos autorizados pelo BACEN ou pela CVM, observada a Resolução CMN 3.543/08.

O ressegurador admitido deverá autorizar as instituições financeiras e entidades referidas a disponibilizar à SUSEP informações relativas à movimentação diária e ao saldo dessas contas. Por outro lado, o ressegurador admitido não poderá, no que se refere aos recursos para garantia de suas obrigações exigidos no Brasil, locar, emprestar ou caucionar títulos e valores mobiliários, nem ter como contraparte em suas operações, mesmo que indiretamente, a instituição gestora de seus investimentos ou do fundo de investimento classificado como fundo de dívida externa, bem como empresas a ela ligadas. Também não poderá ter como contraparte em suas operações, mesmo que indiretamente, empresas a ele ligadas, nem aplicar recursos em fundos de investimento classificados como fundos de dívida externa cujas carteiras sejam administradas por pessoas físicas, bem como em carteiras adminitradas por pessoa física.

O ressegurador admitido está impedido também de aplicar seus recursos garantidores em fundos de investimento classificados como fundos de dívida externa, cuja carteira contenha títulos e valores mobiliários de emissão e/ou coobrigação da própria instituição administradora ou de entidade acima referida, de seus controladores, de sociedade por ela direta ou indiretamente controladas e de empresas ligadas ou outras sociedades sob controle comum. Não poderá ainda aplicar em títulos e valores mobiliários de emissão ou coobrigação do administrador de seus investimentos e de empresas a ele ligadas, nem de empresas ligadas ou outras sociedades sob controle comum. Além disso, todos os títulos e valores mobiliários da carteira de investimentos do ressegurador admitido deverão conter o código de identificação ISIN (*International Securities Identification Number*).

Art. 13. Os contratos de resseguro deverão incluir cláusula dispondo que, em caso de liquidação da cedente, subsistem as responsabilidades do ressegurador perante a massa liquidanda, independentemente de os pagamentos de indenizações ou benefícios aos segurados, participantes, beneficiários ou assistidos haverem ou não sido realizados pela cedente, ressalvados os casos enquadrados no art. 14 desta Lei Complementar.

Os contratos de resseguro e retrocessão normalmente contêm cláusula relativa à liquidação ou quebra de algum dos contratantes — a denominada cláusula de insolvência. Na maior parte das vezes, trata-se de uma das hipóteses de rescisão contratual, devolvendo-se o prêmio não ganho relativo ao período contratual ainda a expirar. Essa cláusula de ampla aplicação no mercado ressegurador torna-se, portanto, obrigatória no direito brasileiro. Através dela, as indenizações devidas em virtude de apólices resseguradas deverão ser pagas ao liquidante.

Contudo, deve-se salientar que a responsabilidade do ressegurador se encerra com a liquidação da cedente, vale dizer, apenas os sinistros ocorridos até a data da liquidação é que estarão cobertos pelo resseguro. A liquidação da cedente, normalmente, importa em rescisão imediata do contrato de resseguro, com devolução do prêmio não ganho e imediata cessação da cobertura objeto do contrato. Assim, os sinistros ocorridos até a data da liquidação da cedente estarão cobertos pelas apólices e, conseqüentemente, pelos contratos de resseguro. O art. 33 da Resolução CNSP 168/07 é claro em declarar que as responsabilidades do ressegurador perante a massa liquidanda subsistem limitadas ao montante de resseguro devido sob os termos do contrato. Com efeito, a eventual cláusula resolutória em caso de insolvência de algum dos contratantes deverá ter plena validade e rescindir — na data da liquidação da cedente — o vínculo obrigacional existente na relação ressecuritária ou retrocessionária.

Art. 14. **Os resseguradores e os seus retrocessionários não responderão diretamente perante o segurado, participante, beneficiário ou assistido pelo montante assumido em resseguro e em retrocessão, ficando as cedentes que emitiram o contrato integralmente responsáveis por indenizá-los.**
Parágrafo único. Na hipótese de insolvência, de decretação de liquidação ou de falência da cedente, é permitido o pagamento direto ao segurado, participante, beneficiário ou assistido, da parcela de indenização ou benefício correspondente ao resseguro, desde que o pagamento da respectiva parcela não tenha sido realizado ao segurado pela cedente nem pelo ressegurador à cedente, quando:
I — o contrato de resseguro for considerado facultativo na forma definida pelo órgão regulador de seguros;
II — nos demais casos, se houver cláusula contratual de pagamento direto.

O legislador brasileiro foi prudente ao estabelecer a regra do presente artigo, conferindo contornos exatos às relações jurídicas estabelecidas por ocasião da cobertura de um determinado risco. Aliás, o dispositivo legal repete em grande parte o disposto no art. 68, § 3º do Decreto-Lei 73/66, o qual nunca impedira a jurisprudência de acatar o litisconsórcio necessário do IRB em demandas movidas por segurados. A confusão decorria de uma possível contradição entre o caput do artigo e o seu parágrafo terceiro. O caput afirmava que "o IRB será considerado litisconsorte necessário nas ações de seguro, sempre que tiver responsabilidade no pedido". Por outro lado, o parágrafo terceiro do mesmo artigo declarava que "o IRB não responde diretamente perante os segurados pelo montante assumido em resseguro".

O Supremo Tribunal Federal foi sempre uniforme no sentido de adotar a prevalência do *caput* do art. 68 em relação ao seu § 3º, como demonstram as seguintes decisões em sede de recurso extraordinário: RE 47.598, RE 55.350, RE 55.310, RE 90.342. O principal argumento residia na natureza do IRB, um ente misto, que não desempenhava apenas a função de um ressegurador comercial. No RE 90.342/88, o Relator Ministro Néri da Silveira, invocando lição do saudoso Ministro Hermes Lima, denominava o IRB um "segurador associado". Também o Superior Tribunal de Justiça tem adotado o mesmo entendimento, conforme demonstram os seguintes precedentes jurisprudenciais: REsp 45.914-SP/1994, REsp 36.671-GO/1994, REsp 125.573-PR/2001, REsp 36.289-RS/2001, REsp 98.392-RJ/2004.

Por conseguinte, no novo marco do resseguro brasileiro, não existe mais esse litisconsórcio necessário, expressamente revogado pelo art. 31 da presente LC 126/07. Em um regime de livre mercado, seria muito oneroso para os resseguradores internacionais participar constantemente de processos movidos por segurados. Vale dizer, se não existisse a presente restrição legal à ação direta do segurado contra resseguradores ou retrocessionários, tais empresas — admitidas ou eventuais — ficariam certamente sujeitas a inúmeras demandas. Uma vez denunciadas à lide, deveriam fazer-se representar no processo, nomeando patronos, arcando com custos e despesas que comprometeriam a equação econômica de formação de seus competitivos prêmios de cobertura.

Assim, em um primeiro momento, o segurado celebra com uma seguradora um contrato de seguro, consubstanciado em uma apólice. Esta, por sua vez, poderá ou não ser ressegurada, tanto através de contratos automáticos como facultativos. Um eventual resseguro desse risco, por seu turno, poderá ser ainda retrocedido, uma ou mais vezes. No entanto, a lei brasileira decidiu delimitar precisamente o âmbito das relações jurídicas, restringindo qualquer relação do segurado com o ressegurador ou retrocessionário. O segurado celebra um contrato com o segurador, que o garante através de uma apólice. A forma como esse segurador irá se garantir — eventualmente transferindo o risco ou parte dele — é matéria que não diz respeito ao segurado. A seguradora, portanto, é integralmente responsável por indenizar os seus segurados.

O ressegurador, como vimos, responde por sua parcela no risco exclusivamente frente ao segurador e, conforme o art. 13 acima, em caso de insolvência desse último, perante a massa liquidanda. As ressalvas dos incisos I e II do presente art. 14 tratam de casos específicos de resseguro, quais sejam, contratos facultativos e contratos com cláusula de pagamento direto. Os contratos facultativos normalmente referem-se a uma única apólice de seguro, permitindo assim o eventual pagamento ao segurado. Do mesmo modo, os contratos que prevejam essa hipótese, conforme indicado no inciso II. Todavia, cabe enfatizar que o legislador conferiu ao ressegurador a possibilidade de desonerar-se do contrato com a cedente liquidanda, pagando o sinistro diretamente ao segurado. A lei utiliza a expressão "é permitido" o pagamento direto.

Portanto, a interpretação lógica do dispositivo legal é de que a faculdade de efetuar ou não o pagamento compete exclusivamente ao ressegurador. Vale dizer, da aplicação dos artigos 13 e 14 acima, em caso de liquidação da cedente, temos as seguintes situações:

1. O ressegurador permanece contratualmente (cláusula obrigatória) obrigado perante a massa liquidanda (art. 13), durante o prazo do contrato de resseguro;

2. Para desonerar-se de sua obrigação contratual, o ressegurador pode, a seu livre critério — nos casos de contrato facultativo ou de contrato com previsão de pagamento direto — pagar ao segurado, caso este não tenha ainda sido indenizado pela seguradora, ou esta, pelo ressegurador.

Art. 15. Nos contratos com a intermediação de corretoras de resseguro, não poderão ser incluídas cláusulas que limitem

ou restrinjam a relação direta entre as cedentes e os resseguradores nem se poderão conferir poderes ou faculdades a tais corretoras além daqueles necessários e próprios ao desempenho de suas atribuições como intermediários independentes na contratação do resseguro.

Como foi visto anteriormente, nos comentários ao artigo 8º, a corretagem de resseguros encontra-se minuciosamente disciplinada na Resolução CNSP 173/07. O corretor é um auxiliar de comércio, cuja função consiste em colocar em contato duas ou mais partes e facilitar as suas negociações, agindo em seu próprio nome, todavia sem participar no contrato, pois apenas facilita a conclusão do mesmo, informando os clientes sobre as condições de mercado. Por conseguinte, os contratos de resseguro não poderão conter cláusulas que limitem ou restrinjam a relação direta entre as partes contratantes. Dessa forma, o presente artigo inova na praxe internacional, já que, normalmente, as cláusulas de intermediação dos contratos de resseguro estabelecem que todas as comunicações entre as partes devam ser feitas através do intermediário.

No entanto, no direito brasileiro, os corretores não poderão representar qualquer das partes contratantes, atuando como agentes das mesmas. Não poderão agir como mandatário das mesmas, com poderes para praticar atos que extrapolem sua função de intermediar negócios. Como intermediários, os corretores deverão abster-se de intervir na relação contratual, atendo-se exclusivamente às suas funções precípuas de aproximação das partes, informação de termos e condições do negócio, elaboração de minutas, consultoria de subscrição, de regulação de sinistros e de provisionamento de reservas, etc. Para certos riscos de catástrofe, algumas corretoras de grande porte valem-se de *softwares* específicos, que auxiliam a cedente a estabelecer limites e retenções, com base em cenários e modelos predefinidos. Toda essa assessoria faz parte das atribuições típicas do intermediário de resseguro e não interferem na relação contratual das partes.

Art. 16. Nos contratos a que se refere o art. 15 desta Lei Complementar, é obrigatória a inclusão de cláusula de intermediação, definindo se a corretora está ou não autorizada a receber os prêmios de resseguro ou a coletar o valor correspondente às recuperações de indenizações ou benefícios.
Parágrafo único. Estando a corretora autorizada ao recebimento ou à coleta a que se refere o caput deste artigo, os seguintes procedimentos serão observados:
I — o pagamento do prêmio à corretora libera a cedente de qualquer responsabilidade pelo pagamento efetuado ao ressegurador; e,
II — o pagamento de indenização ou benefício à corretora só libera o ressegurador quando efetivamente recebido pela cedente.

No mercado internacional de resseguros é praxe que cedentes e resseguradores realizem seus pagamentos de prêmios e sinistros através do corretor. Por esse motivo, o legislador brasileiro passou a exigir que, havendo intermediação de corretor, o contrato de resseguro deva conter obrigatoriamente cláusula específica a respeito. A denominada cláusula de intermediação, portanto, além de obrigatória gera efeitos legais previstos nos incisos I e II acima. Isto é, quando houver previsão contratual de coleta de prêmios e indenizações pela corretora, os pagamentos de prêmios efetuados pela cedente a liberam de sua principal obrigação no contrato de resseguro. Por outro lado, a liberação do ressegurador ocorre apenas quando a cedente houver efetivamente recebido do corretor a indenização do sinistro.

A transferência de fundos obriga o intermediário a manter uma contabilidade apropriada. "A cedente transfere os prêmios para o intermediário que deduz sua comissão e então distribui o saldo entre os resseguradores do programa. Quando ocorre um sinistro, a cedente transfere as informações necessárias para o intermediário, que procede à coleta do valor do sinistro junto ao ressegurador. Se dois ou mais resseguradores estão envolvidos, o intermediário distribui o sinistro entre eles, recolhe o montante de cada ressegurador e transfere o total para a cedente"[36]

Nada impede que os corretores em sua contabilidade possam compensar saldos e débitos de cedentes e resseguradores. Todavia, como estabelece o art. 11, da Resolução CNSP 173/07, as sociedades corretoras de resseguros deverão manter no Brasil as contas bancárias para a intermediação de resseguros e retrocessões, que serão utilizadas exclusivamente para pagamentos e recebimentos referentes às transações de resseguros e retrocessões intermediados. Quando os contratos movimentarem valores em moeda estrangeira, as contas específicas para esse fim estarão de acordo com as determinações do CMN (ver comentários ao art. 18).

Art. 17. A aplicação dos recursos das provisões técnicas e dos fundos dos resseguradores locais e dos recursos exigidos no País para garantia das obrigações dos resseguradores admitidos será efetuada de acordo com as diretrizes do Conselho Monetário Nacional — CMN.

As sociedades seguradoras e os resseguradores locais deverão manter provisões técnicas para a cobertura de sinistros que venham a ocorrer ao longo dos prazos vincendos dos contratos referentes aos riscos vigentes na data da base de cálculo. A Resolução CNSP 171/07 institui as regras e os procedimentos para a constituição das provisões técnicas das sociedades resseguradoras locais. As provisões técnicas são as seguintes: Provisão de Prêmios Não Ganhos (PPNG); Provisão de Prêmios Não Ganhos para Riscos Vigentes mas Não Emitidos (PPNG-RVNE); Provisão de Riscos em Curso (PRC); Provisão de Sinistros Ocorridos e Não Avisados (IBNR); Provisão de Sinistros a Liquidar (PSL); Provisão de Sinistros Ocorridos mas Não Suficientemente Avisados (IBNER); Provisão Matemática de Benefícios a Con-

---

36 Insurance Institute of America, Princípios de Resseguro, v. 1, p. 56.

ceder (PMBaC); Provisão Matemática de Benefícios Concedidos (PMBC); Provisão de Oscilação de Riscos (POR); Provisão de Excedentes Técnicos (PET) e Provisão de Excedentes Financeiros (PEF).

Para cada uma das provisões acima referidas, a resseguradora local deverá manter à disposição da SUSEP uma nota técnica atuarial, elaborada pelo atuário responsável técnico. A metodologia de cálculo será aquela adotada pela própria resseguradora ou determinada pela SUSEP, dependendo das circunstâncias. A SUSEP poderá ainda determinar que certos ramos ou produtos, em função de suas características técnicas, fiquem liberados da constituição de provisão técnica.

Relativamente aos resseguradores admitidos, o valor das provisões de prêmio relativo às responsabilidades assumidas — ponderado pelo fator referente ao nível de classificação de risco, conforme tabela constante no art. 21, § 1º da Resolução CNSP 168/07 — deverá estar permanentemente coberto por conta em moeda estrangeira no Brasil, vinculada à SUSEP, com saldo mínimo constituído em espécie, observadas ainda as diretrizes fixadas pelo CMN (art. 8º, VI, Resolução CNSP 168/07). Do mesmo modo, o valor das provisões de sinistros ou benefícios referentes aos resseguros cedidos pelas sociedades seguradoras e resseguradoras locais aos resseguradores admitidos. As cedentes têm um prazo de 180 dias, a contar da data do registro do sinistro, para comprovação das garantias referidas, que permanecerá à disposição da SUSEP.

Os saldos dos contratos de resseguro celebrados com resseguradores admitidos ou eventuais deverão ser liquidados, no máximo, semestralmente, observadas eventuais cláusulas de adiantamento de pagamentos de sinistros, estabelecidas contratualmente. O ressegurador admitido deverá aportar recursos à sua conta vinculada à SUSEP, sempre que as provisões de prêmio e sinistro, devidamente ponderadas pelos fatores da tabela de classificação de risco, relativamente às responsabilidades assumidas contratualmente ultrapassarem os valores previstos no inciso VI do art. 8º da Resolução CNSP 168/07. Caberá às seguradoras a constituição e a aplicação dos valores das provisões, conforme as normas do CNSP e CMN.

Seção II

Das Operações em Moeda Estrangeira

Art. 18. O seguro, o resseguro e a retrocessão poderão ser efetuados no País em moeda estrangeira, observadas a legislação que rege operações desta natureza, as regras fixadas pelo CMN e as regras fixadas pelo órgão regulador de seguros.

Parágrafo único. O CMN disciplinará a abertura e manutenção de contas em moeda estrangeira, tituladas por sociedades seguradoras, resseguradores locais, resseguradores admitidos e corretoras de resseguro.

O resseguro e a retrocessão poderão ser contratados em moeda estrangeira em contratos celebrados no Brasil, desde que observem a legislação do Banco Central, principalmente o Regulamento do Mercado de Câmbio e Capitais Internacionais, Capítulo 14, Seção 8, relativa às sociedades seguradoras, resseguradoras e corretoras de resseguro. Além disso, a Resolução CNSP 168/07 admite a contratação em moeda estrangeira quando se verificar uma das seguintes situações: (1) o seguro já tenha sido contratado em moeda estrangeira no país; (2) haja aceitação de resseguro ou retrocessão de riscos do exterior; (3) haja participação majoritária de resseguradores estrangeiros, exclusivamente nos casos de resseguros não proporcionais. Deverão ser observadas ainda as regras complementares do CMN.

Relativamente à contratação de seguros em moeda estrangeira no Brasil, a Resolução CNSP 165/07 disciplina o assunto, estabelecendo em seu art. 2º que a operação poderá ser efetuada quando o risco pertencer a um dos seguintes ramos, sub-ramos, ou modalidades:

I — crédito à exportação;

II — aeronáutico, para aeronaves em viagens internacionais;
III — riscos nucleares;
IV — satélites;
V — transporte internacional;
VI — cascos marítimos, quando se tratar de embarcações de longo curso, ou embarcações pertencentes a empresas brasileiras de navegação e registradas no Registro Especial Brasileiro — REB;
VII — riscos de petróleo;
VIII — responsabilidade civil:
a) responsabilidade de atos praticados por Conselheiros, Diretores e/ou Administradores — (D&O) quando o segurado possua certificados de depósito de ações ou títulos de dívida emitidos no exterior;
b) carta verde;
c) responsabilidade civil do transportador de viagens internacionais — RCTR-VI;
d) geral de produtos de exportação;
e) geral de aeronaves em viagens internacionais;
f) geral de embarcações de longo curso ou, pertencentes a empresas brasileiras de navegação e registradas no REB;
IX — seguros do ramo riscos diversos que se refiram a:
a) equipamentos arrendados ou cedidos a terceiros, quando o arrendador ou cedente for segurado pessoa jurídica constituída no exterior;
b) máquinas de embarcações pertencentes a empresas brasileiras de navegação e registradas no REB;
c) construção, reforma ou reposição de navios, aeronaves, bem como de seus componentes, cuja execução ocorra no País por conta e ordem de pessoa física ou jurídica residente ou domiciliada no exterior; ou por empresa nacional, desde que amparada por contrato de financiamento externo que contenha cláusula de seguro em moeda estrangeira;
X — seguro compreensivo do operador portuário, nos termos da Circular SUSEP 291, de 13 de maio de 2005, ou do normativo que vier a substituí-la;

XI — seguro de riscos de engenharia, relativos a Obras Civis em Construção e Instalações Industriais, cuja execução ocorra no País por conta e ordem de pessoa física ou jurídica residente ou domiciliada no exterior, ou por empresa nacional, desde que amparada por contrato de financiamento externo que contenha cláusula de seguro em moeda estrangeira;

XII — seguros da usina hidroelétrica Itaipu Binacional, quando incluídos no Convênio de distribuição igualitária entre Brasil e Paraguai.

A citada Resolução estabelece ainda que a SUSEP poderá solicitar, a qualquer tempo, informações e/ou documentos que julgar necessários com relação à contratação dos seguros acima referidos e que a emissão do seguro em moeda estrangeira no país poderá ser efetuada em outros ramos, sub-ramos ou modalidades de seguro, desde que a respectiva contratação se justifique em função do objeto segurado ou objetivo do seguro. Neste caso, a sociedade seguradora deverá informar à SUSEP, no prazo de 30 dias contados do início de vigência da apólice, a emissão referida, acompanhada da justificativa necessária, por meio de correspondência cujo modelo consta do anexo I da referida Resolução.

Por outro lado, o CMN, em sessão realizada em 20 de dezembro de 2007, editou a Resolução CMN/BACEN 3.525, que dispõe sobre abertura e movimentação de contas em moedas estrangeiras tituladas por sociedade seguradora, ressegurador local, ressegurador admitido ou corretora de resseguro. Através desse diploma legal são permitidas a abertura e a manutenção, em banco autorizado a operar no mercado de câmbio, de contas em moeda estrangeira tituladas por sociedade seguradora, inclusive seguradora de crédito à exportação, ressegurador local, ressegurador admitido ou corretora de resseguro, observada a regulamentação editada pelo CNSP. No entanto, é vedado o financiamento ou a manutenção de saldos devedores em tais contas.

A movimentação de conta em moeda estrangeira titulada por sociedade seguradora, ressegurador local ou ressegurador admitido é restrita a (1) recebimentos e pagamentos de prêmios, indenizações, recuperações de crédito e outros valores previstos em contratos de seguro, resseguro, retrocessão e co-seguro, celebrados em moeda estrangeira; (2) acolhimentos em depósito de recursos para manutenção do saldo mínimo da conta, definido pelo CNSP, no caso de ressegurador admitido; (3) rendimentos da aplicação dos saldos existentes, observada a regulamentação relativa à aplicação de recursos garantidores. O saque dos recursos destinados à manutenção do saldo mínimo referido somente poderá ser promovido após a liberação do vínculo pela SUSEP.

O uso da conta em moeda estrangeira titulada por corretora de resseguros é restrita ao trânsito dos valores referentes a prêmios, indenizações e outros valores previstos em contratos de resseguro celebrados em moeda estrangeira. Os valores em moeda estrangeira referentes à remuneração da corretora de resseguros devem ser imediatamente convertidos para reais, mediante contratação e liquidação do câmbio.

Os valores registrados nas contas em moeda estrangeira de que trata a Resolução CMN/BACEN 3.525/07 podem ser livremente convertidos para reais, mediante contratação e liquidação de operação de câmbio, na forma da regulamentação em vigor, com exceção dos valores relativos às aplicações dos recursos garantidores das provisões técnicas que tenham vedada a sua conversão para reais. O Banco Central do Brasil está autorizado a baixar as instruções e adotar as medidas necessárias à execução do disposto na citada Resolução.

Seção III

Do Seguro no País e no Exterior

Art. 19. Serão exclusivamente celebrados no País, ressalvado o disposto no art. 20 desta Lei Complementar:
I — os seguros obrigatórios; e
II — os seguros não obrigatórios contratados por pessoas naturais residentes no País ou por pessoas jurídicas domicilia-

das no território nacional, independentemente da forma jurídica, para garantia de riscos no País.

A atividade seguradora brasileira permanece um campo de privilégios e restrições, dificultando o desenvolvimento do livre comércio e, por conseqüência, da oferta de produtos e serviços de melhor qualidade para os consumidores. Por outro lado, o entorpecimento da indústria do seguro no Brasil reflete-se na baixa penetração do seguro e na falta de cultura sobre o mesmo. Os privilégios concedidos às seguradoras nacionais inibe a verdadeira concorrência, tornando as empresas acomodadas em ramos e produtos que mais as interessam economicamente. O consumidor, por sua vez, desconhece o que poderia consumir e apenas aqueles mais esclarecidos e favorecidos irão buscar no exterior, legalmente ou não, a cobertura para os seus riscos.

O presente dispositivo legal estabelece e mantém a regra geral de que pessoas físicas e jurídicas residentes no Brasil devem buscar cobertura para os seus riscos exclusivamente no mercado nacional, salvo as exceções previstas no artigo a seguir comentado. Por outro lado, o seguro para as importações brasileiras passou a contar com a possibilidade de contratação no exterior. Até meados de 2007, o tema era disciplinado pela Resolução CNSP 3/71, que exigia que o seguro transporte fosse brasileiro na operação de importação. No entanto, após o advento da presente LC 126/07, a matéria passou a ser regulada pela Resolução CNSP 165/07, que em seu art. 8º permite a contratação de seguro no exterior — pelo exportador estrangeiro — nas importações sob a modalidade de venda CIF[37].

---

37 O termo CIF (*Cost, Insurance and Freight*) significa "custo, seguro e frete, porto de destino indicado". O termo é utilizado no transporte marítimo pelo qual o vendedor se obriga a embarcar a mercadoria por sua conta, arcar com as despesas de frete e ainda a contratar um seguro em condições mínimas (FPA — *Free of Particular Average*). Normalmente será emitida uma apólice transferível de seguro marítimo, que cobrirá o preço CIF mais 10%. A cobertura mínima se refere a sinistros

Algumas vozes no mercado, todavia, entendiam que a Resolução 165/07 era ineficaz, para permitir a contratação do seguro transporte no exterior. Uma das alegações era de que a redação do art. 8º da Resolução CNSP 165/07 refere-se a contratos de prestação de serviços; e os Incoterms 2000, dentre os quais a cláusula CIF, tratam apenas de bens e mercadorias. Por outro lado, a confusa redação do referido artigo 8º inicia por afirmar: "Não se incluem nas disposições do presente Capítulo as contratações de seguro no exterior por pessoas residentes no exterior ainda que..." Ora, dito isso, tais contratações de seguro por parte dos exportadores estrangeiros não se incluiriam no Capítulo III da Resolução 165/07, que trata justamente "Da Contratação de Seguro no Exterior". Agravada a celeuma e frente ao paradoxo existente no mercado, entendiam alguns que a ineficácia, nesse aspecto, da Resolução 165/07, mantinha plenamente vigente o regime anterior de proibição de contratação de cobertura no exterior, imposto pela Resolução 3/71. Finalmente, atendendo ao clamor do mercado, o CNSP editou a Resolução 180, em 17.12.2007, que revogou expressamente a vetusta Resolução 3/71. Desse modo, a Resolução 165/07, apesar de suas imperfeições, é ainda o diploma legal a disciplinar a questão.

Art. 20. A contratação de seguros no exterior por pessoas naturais residentes no País ou por pessoas jurídicas domiciliadas no território nacional é restrita às seguintes situações:

I — cobertura de riscos para os quais não exista oferta de seguro no País, desde que sua contratação não represente infração à legislação vigente;

II — cobertura de riscos no exterior em que o segurado seja pessoa natural residente no País, para o qual a vigência do seguro contratado se restrinja, exclusivamente, ao período em que o segurado se encontrar no exterior;

---

que afetem o navio e sua carga, inexistindo responsabilidade da seguradora em caso de perda ou dano parcial.

III — seguros que sejam objeto de acordos internacionais referendados pelo Congresso Nacional; e
IV — seguros que, pela legislação em vigor, na data de publicação desta Lei Complementar, tiverem sido contratados no exterior.
Parágrafo único. Pessoas jurídicas poderão contratar seguro no exterior para cobertura de riscos no exterior, informando essa contratação ao órgão fiscalizador de seguros brasileiro no prazo e nas condições determinadas pelo órgão regulador de seguros brasileiro.

O presente dispositivo legal apresenta uma série de hipóteses que permitem a contratação de seguros no exterior. É um primeiro passo rumo à liberdade de mercado e o inciso I abre uma ampla janela para um panorama de produtos e serviços estrangeiros de excelência e melhor preço ao consumidor brasileiro. Vale dizer, sempre que não exista oferta de seguro para cobertura de riscos da pessoa física ou jurídica residente no Brasil, o seguro poderá ser buscado no exterior. Para tanto, a Resolução 165/07 exige que o tomador do seguro obtenha três negativas ou ressalvas de seguradoras brasileiras que operem no ramo de seguro em que se enquadra o risco. As consultas deverão ser iguais e efetuadas em intervalo não superior a dez dias (art. 6º, § 1º e § 2º).

Anteriormente, a matéria era disciplinada pela Resolução CNSP 12/00, que regia a contratação de seguro no exterior e impunha inúmeras dificuldades, que merecem ser citadas para fins históricos. A contratação estava limitada aos riscos que não encontrassem cobertura no país ou não conviessem aos interesses nacionais e dependia ainda de autorização prévia da SUSEP. Mesmo sem definir quem ditava os interesses nacionais, a Resolução exigia que o interessado encaminhasse consulta prévia a cinco seguradoras nacionais. As negativas ou ressalvas deveriam ser justificadas. A mesma consulta efetuada junto às seguradoras nacionais deveria então ser encaminhada à seguradora estrangeira, para cotação do risco, e deveria ser posteriormente encaminhada à SUSEP com antecedência mínima de 20 dias úteis em relação ao início de vigência da cobertura. A SUSEP tinha então dez dias para se manifestar, podendo solicitar informações complementares. A SUSEP podia ainda ouvir outras seguradoras não consultadas, antes de dar a sua aprovação ou negativa. Além de tudo isso, para fins de aprovação pela SUSEP da contratação no exterior, constituía um requisito adicional a apresentação às seguradoras brasileiras consultadas, dos termos e condições da cotação obtida no exterior. Esse era o procedimento, até o advento da presente LC 126/07 e da Resolução CNSP 165/07.

O inciso II do presente dispositivo legal deve ser cotejado com o parágrafo único, pois ambos tratam de riscos no exterior. A pessoa física brasileira encontra-se em franca desvantagem em relação à pessoa jurídica. Vale dizer, o cidadão brasileiro somente pode segurar riscos localizados no exterior enquanto lá permanecer. Quando retornar ao Brasil, os seus bens acaso existentes no exterior, deverão ser segurados por seguradoras brasileiras. Ao que parece, o dispositivo legal levou em consideração apenas os seguros de pessoas, isto é, o seguro de acidentes pessoais, o seguro saúde e o seguro de vida. No entanto, os bens de brasileiros que continuam a ser segurados no exterior constituiriam uma infração à discutível legislação ora comentada. Felizmente, o inciso I poderá ser de grande valia para aqueles que pretenderem regularizar seus seguros de bens no exterior, pois dificilmente as seguradoras nacionais terão condições de outorgar tais coberturas no estrangeiro.

Os acordos internacionais referidos no inciso III competem à política externa brasileira, levada a efeito pelo Ministério das Relações Exteriores e resultam de entendimentos diplomáticos entre governos. Relativamente a seguros, os acordos internacionais podem pretender, por exemplo, garantir os direitos de seguridade social previstos nas legislações dos países signatários, para os trabalhadores e dependentes legais, residentes ou em trânsito no país. Os motivos que levam o governo brasileiro a firmar acordos internacionais com outros países decorrem de, pelo menos, uma das seguintes situações: (1) elevado volume de comércio bilateral; (2) recebimento de investimentos externos significativos; (3) acolhimento, no passado, de fluxo migratório intenso; (4) relações especiais de amizade. Os acordos internacionais de previdência social estabelecem uma relação de prestação de benefícios previdenciários, não implicando na modificação da legislação vigente no país, cumprindo a cada Estado contratante analisar os pedidos de benefícios apresentados e decidir quanto ao direito e condições, conforme sua própria legislação aplicável. Os acordos internacionais deverão ser referendados pelo Congresso Nacional, conforme art. 49, I da Constituição Federal brasileira.

Além das situações previstas nos quatro incisos do presente dispositivo legal, o parágrafo único autoriza apenas as pessoas jurídicas a contratar no exterior coberturas para riscos localizados fora do Brasil, desde que informem a SUSEP no prazo de 30 dias[38] contados no início de vigência da cobertura do risco, através de correspondência, cujo modelo consta no anexo II da Resolução CNSP 165/07. O enunciado bem poderia ter também sido estendido às pessoas físicas, que, no entanto, como vimos, deverão se sujeitar ao procedimento de consulta a, no mínimo, três seguradoras nacionais.

CAPÍTULO VI

DO REGIME DISCIPLINAR

Art. 21. As cedentes, os resseguradores locais, os escritórios de representação de ressegurador admitido, os corretores e corretoras de seguro, resseguro e retrocessão e os prestadores de serviços de auditoria independente bem como quaisquer pessoas naturais ou jurídicas que descumprirem as normas relativas à atividade de resseguro, retrocessão e corretagem de resseguros estarão sujeitos às penalidades previstas nos arts.

---

38 Art. 7º, Resolução CNSP 165/07.

108, 111, 112 e 128 do Decreto-Lei n° 73, de 21 de novembro de 1966, aplicadas pelo órgão fiscalizador de seguros, conforme normas do órgão regulador de seguros.
Parágrafo único. As infrações a que se refere o caput deste artigo serão apuradas mediante processo administrativo regido em consonância com o art. 118 do Decreto-Lei n° 73, de 21 de novembro de 1966.

A coercitividade da legislação do resseguro brasileiro vale-se ainda dos eficazes instrumentos contidos no Decreto-Lei 73/66, que, em poucos anos, completará meio século de existência. Nesse diploma legal, as penalidades encontram-se no Capítulo X, denominado Regime Repressivo, e foram substancialmente modificadas pela lei complementar ora comentada. Os novos ventos da democracia denominaram agora o Capítulo VI da presente lei complementar de Regime Disciplinar. A competência para a instauração de processo administrativo punitivo permanece, portanto, com o CNSP, com base em auto de infração, representação ou denúncia informando as irregularidades. O CNSP decidirá relativamente às respectivas instaurações, recursos e seus efeitos, instâncias, prazos, perempção e demais atos procedimentais. As eventuais punições serão aplicadas pela SUSEP, conforme dispõe a nova redação do artigo 108, estabelecida no art. 27 da presente lei complementar.

As punições estabelecidas são as seguintes:
1) advertência;
2) suspensão do exercício das atividades ou profissão abrangidas pelo Decreto-Lei 73/66 pelo prazo de até 180 dias;
3) inabilitação, pelo prazo de dois anos a dez anos, para o exercício de cargo ou função no serviço público e em empresas públicas, sociedades de economia mista e respectivas subsidiárias, entidades de previdência complementar, sociedades de capitalização, instituições financeiras, sociedades seguradoras e resseguradoras;
4) multa de dez mil reais a um milhão de reais; e

5) suspensão para atuação em um ou mais ramos de seguro ou resseguro.

A multa será imputada ao agente responsável, respondendo solidariamente o ressegurador ou a sociedade seguradora ou de capitalização, assegurado o direito de regresso, e poderá ser aplicada cumulativamente com as demais penalidades. As decisões da SUSEP estarão sujeitas a recurso, no prazo de 30 dias, com efeito suspensivo, ao CRSNSP (Conselho de Recursos do Sistema Nacional de Seguros Privados, de Previdência Privada Aberta e de Capitalização) do Ministério da Fazenda. O recurso, em caso de multa, somente será conhecido se for comprovado pelo recorrente o pagamento antecipado, em favor da SUSEP, de 30% do valor da penalidade aplicada. Julgada improcedente a aplicação da multa, a SUSEP devolverá no prazo máximo de 90 dias a partir de requerimento da parte interessada o valor depositado. Em caso de reincidência, a multa será agravada até o dobro em relação à multa anterior, conforme critérios estipulados pelo CNSP.

Os auditores independentes que prestarem serviços aos resseguradores, às sociedades seguradoras, às sociedades de capitalização e às entidades abertas de previdência complementar deverão apresentar seus relatórios e pareceres de acordo com as normas expedidas pela SUSEP (nova redação do art. 111, Decreto-Lei 73/66). Tais empresas de auditoria independente responderão, civilmente, pelos prejuízos que causarem a terceiros em virtude de culpa ou dolo no exercício de suas funções. Responderão ainda administrativamente perante a SUSEP pelos atos praticados ou omissões em que houverem incorrido no desempenho das atividades de auditoria independente a resseguradores, seguradoras, sociedades de capitalização e entidades abertas de previdência complementar. Quando for instaurado processo administrativo contra resseguradores, seguradoras, sociedades de capitalização e entidades abertas de previdência complementar, a SUSEP poderá, considerada a gravidade da infração, cautelarmente, determinar a essas empresas a substituição do prestador de serviços de auditoria independente. Apurada a existência de irregularidade cometida pelo prestador de serviços de auditoria independente, a ele serão aplicadas as penalidades previstas no art. 108 do Decreto-Lei 73/66 acima indicadas. Quando as entidades auditadas forem reguladas ou fiscalizadas pela CVM ou por outros órgãos reguladores e fiscalizadores, os auditores estarão ainda sujeitos às respectivas penalidades previstas na legislação própria.

Por outro lado, conforme determina o artigo 113 do Decreto-Lei 73/66, as pessoas físicas e jurídicas que deixarem de contratar os seguros legalmente obrigatórios, sem prejuízo de outras sanções legais, estarão sujeitas à multa de:

1) o dobro do valor do prêmio, quando este for definido na legislação aplicável;

2) nos demais casos, o que for maior entre 10% da importância segurável ou mil reais.

CAPÍTULO VII

DISPOSIÇÕES FINAIS

Art. 22. O IRB-Brasil Resseguros S.A. fica autorizado a continuar exercendo suas atividades de resseguro e de retrocessão, sem qualquer solução de continuidade, independentemente de requerimento e autorização governamental, qualificando-se como ressegurador local.

Parágrafo único. O IRB-Brasil Resseguros S.A. fornecerá ao órgão fiscalizador da atividade de seguros informações técnicas e cópia de seu acervo de dados e de quaisquer outros documentos ou registros que esse órgão fiscalizador julgue necessários para o desempenho das funções de fiscalização das operações de seguro, co-seguro, resseguro e retrocessão.

No contexto da lei de abertura do resseguro brasileiro e de quebra do monopólio paraestatal existente, o legislador optou por conferir ao IRB-Brasil Resseguros S.A. a qualificação de ressegurador local, sem solução de continuidade de negócios efetuados e vigentes, concedendo-lhe ainda um prazo de 180 dias para a adaptação de suas operações de resseguro e retrocessão ao novo ordenamento jurídico (art. 29). Contudo, considerando-se o papel do IRB-Brasil Re na instrumentação de políticas setoriais do governo, parece realmente conveniente a criação de grupos de trabalho intra-governamental, para avaliar melhor essa função política da entidade e delinear o grau de participação requerido para o governo neste segmento econômico.

O modelo de abertura adotado no Brasil prevê não apenas a possibilidade de que haja mais competidores instalados no país, mas também que as cedentes nacionais (seguradoras, entidades de previdência complementar e resseguradores locais) possam realizar operações com resseguradores estrangeiros (art. 4º). Trata-se de uma prática comum no mercado internacional e que já ocorria no modelo anteriormente em vigor, pois o ressegurador IRB-Brasil Resseguros S.A., ao não dispor de capacidade para reter todos os riscos por ele subscritos, transferia a resseguradores estrangeiros uma parcela dos mesmos. Por outro lado, devem ser consideradas as necessidades de transferência de risco, que, às vezes, demandam pulverização entre diversos resseguradores, especialmente nos casos de seguros vultosos ou de catástrofe.

Como entidade que monopolizou o resseguro brasileiro durante décadas, o IRB deve agora transferir à SUSEP todas as informações que disponha e que esta venha a julgar necessárias para o efetivo controle e perfeito funcionamento das operações de resseguro e retrocessão no Brasil.

Art. 23. Fica a União autorizada a oferecer aos acionistas preferenciais do IRB-Brasil Resseguros S.A., mediante competente deliberação societária, a opção de retirada do capital que mantêm investido na sociedade, com a finalidade exclusiva de destinar tais recursos integralmente à subscrição de ações de empresa de resseguro sediada no País.
Parágrafo único. (VETADO)

O IRB é uma sociedade de economia mista, com metade de seu capital pertencente à União (Tesouro Nacional) e a outra metade às seguradoras e demais acionistas. Em 1997, o IRB foi transformado em sociedade anônima, adotando a denominação IRB-Brasil Resseguros S.A. O governo da época tentou privatizar a instituição, porém o principal partido de oposição, que viria a assumir o governo posteriormente, impediu os leilões através de medidas judiciais protelatórias.

Os principais acionistas privados do IRB são três bancos brasileiros, com 40,2% das ações. Os restantes 10% estão pulverizados entre várias companhias. A partir de agora, o legislador autoriza o Governo Federal a oferecer aos acionistas preferenciais do IRB a opção de retirada do capital investido apenas para aplicação deste capital em ações de resseguradoras locais. A retirada do capital poderá ser efetuada mediante redução de capital e reembolso aos acionistas preferenciais do IRB. O projeto de lei que deu origem à presente LC 126/07 continha uma disposição, que foi vetada pelo Presidente da República, exigindo que a União aportasse valor equivalente ao capital subtraído do IRB em caso de exercício do direito de retirada por parte de acionistas preferenciais. Por conseguinte, se ocorrerem tais retiradas, o IRB ficará sensivelmente descapitalizado, devendo buscar rapidamente alguma solução de capitalização, sob pena de comprometer sua solvência em relação aos negócios subscritos e pendentes.

Art. 24. O órgão fiscalizador de seguros fornecerá à Advocacia-Geral da União as informações e os documentos necessários à defesa da União nas ações em que seja parte.

A Advocacia-Geral da União (AGU) foi criada pela Constituição Federal de 1988, constituindo uma das funções essenciais à Justiça. Trata-se do órgão responsável pela representação judicial e extrajudicial da União e pela prestação exclusiva de consultoria e assessoramento jurídico ao Poder Executivo. Os Procuradores Regionais representam a União junto aos Tribunais Regionais Federais nas cinco regiões com sede no DF, RJ, SP, RS e PE.

Por outro lado, o Advogado-Geral da União representa a União perante o Supremo Tribunal Federal e o Procurador-Geral da União representa a União perante o Superior Tribunal de Justiça nas questões cíveis e trabalhistas e o Procurador-Geral da Fazenda Nacional, nas questões tributárias e fiscais. Os Procuradores Chefes da União nos Estados representam a União junto à 1ª instância nas capitais (Justiça Federal e Trabalhista). Os Procuradores Seccionais representam a União junto à 1ª instância no interior.

A atuação contenciosa da AGU ocorre através de representação judicial e extrajudicial da União, bem como suas autarquias e fundações públicas. A representação judicial é exercida em defesa dos interesses dos referidos entes nas ações judiciais em que a União figura como autora, ré ou, ainda, terceira interessada. A representação extrajudicial é exercida perante entidades não vinculadas ao Judiciário, como órgãos administrativos da própria União, Estados ou Municípios. No exercício de suas atividades de representação, os Advogados da União, os Procuradores da Fazenda Nacional e os Procuradores Federais, cada qual em sua respectiva área de atuação, poderão solicitar da SUSEP todos os documentos e informações necessários à defesa da União nos litígios em que for parte. Junto à SUSEP há uma Procuradoria Federal que faz parte da AGU.

Art. 25. O órgão fiscalizador de seguros, instaurado inquérito administrativo, poderá solicitar à autoridade judiciária competente o levantamento do sigilo nas instituições financeiras de informações e documentos relativos a bens, direitos e obrigações de pessoa física ou jurídica submetida ao seu poder fiscalizador.

Parágrafo único. O órgão fiscalizador de seguros, o Banco Central do Brasil e a Comissão de Valores Mobiliários manterão permanente intercâmbio de informações acerca dos resultados das inspeções que realizarem, dos inquéritos que instaurarem e das penalidades que aplicarem, sempre que as informações forem necessárias ao desempenho de suas atividades.

O inquérito administrativo é o instrumento adequado à disposição da SUSEP para averiguar irregularidades nas instituições que se encontram submetidas ao seu poder de fiscalização. O inquérito é um procedimento promovido com o objetivo de apurar certos fatos ou para obter alguma informação a respeito de fatos controversos. Nele são realizadas todas as medidas e diligências necessárias à sindicância pretendida, como oitiva de pessoas, perícias, juntada de documentos, etc. O inquérito termina com um relatório e conclusões sobre os fatos averiguados. O inquérito administrativo é aquele conduzido por autoridade pública, para apuração de irregularidades e responsabilidades, bem como para imposição de penalidades ou para a simples adoção de medidas corretivas.

O presente dispositivo legal confere à SUSEP o direito de obter a quebra do sigilo bancário de pessoa física ou jurídica, pois a mera solicitação desse expediente já integra o direito postulatório de qualquer parte, em qualquer processo judicial ou administrativo. No entanto, o que o legislador pretendeu no presente dispositivo legal é conferir à SUSEP um privilégio na defesa do interesse público, sacrificando o interesse particular em prol da realização da justiça. Desse modo, comprovada à autoridade judiciária a necessidade da quebra do sigilo bancário de pessoa envolvida em inquérito administrativo da SUSEP, compete ao órgão judiciário o imediato deferimento do pedido, facilitando a obtenção de material probatório financeiro, para a completa elucidação dos fatos e responsabilidades.

O intercâmbio de informações no âmbito do Sistema Financeiro Nacional encontra-se regulado pela Lei nº 6.385/76, cujo art. 28 estabelece que o Banco Central do Brasil, a CVM, a Secretaria de Previdência Complementar, a Secretaria da Receita Federal e a SUSEP manterão um sistema de intercâmbio de informações, relativas à fiscalização que exerçam, nas áreas de suas respectivas competências, no mercado de valores mobiliários (conforme redação dada pela Lei nº 10.303/2001). Por outro lado, o Código Tributário Nacional (Lei nº 5.172/66) estabelece como regra geral o sigilo por parte da Fazenda Pública quanto à informação obtida em razão de ofício sobre a situação econômica ou financeira de sujeito passivo ou de terceiros sobre a natureza e o estado de seus negócios ou atividades. Contudo, este mesmo dispositivo legal em seu § 1º, incisos I e II, ressalva a requisição de autoridade judiciária em interesse da justiça (alteração conforme LC 104/2001) e a solicitação de autoridade administrativa no interesse da Administração Pública, mediante comprovada instauração de inquérito administrativo (conforme alteração da LC 104/2001).

De qualquer modo, no âmbito da Administração Pública, o intercâmbio de informação confidencial deveria ocorrer mediante processo regularmente instaurado, assegurando a preservação do sigilo. Contudo, a modernidade permite o intercâmbio de informações até mesmo por via eletrônica, como se comprova, por exemplo, através do aplicativo PSTAW10, cuja principal função é permitir o intercâmbio de informações entre o Banco Central do Brasil, instituições financeiras e outros integrantes do SFN, de forma padronizada e segura, através da criptografia de dados, utilizando a Internet.

Art. 26. As câmaras e os prestadores de serviços de compensação e de liquidação autorizados a funcionar pela legislação em vigor bem como as instituições autorizadas à prestação de serviços de custódia pela Comissão de Valores Mobiliários fornecerão ao órgão fiscalizador de seguros, desde que por ele declaradas necessárias ao exercício de suas atribuições, as informações que possuam sobre as operações:
I — dos fundos de investimento especialmente constituídos para a recepção de recursos das sociedades seguradoras, de capitalização e entidades abertas de previdência complementar; e
II — dos fundos de investimento, com patrimônio segregado, vinculados exclusivamente a planos de previdência complementar ou a seguros de vida com cláusula de cobertura por sobrevivência, estruturados na modalidade de contribuição variável, por eles comercializados e administrados.

Para exercer plenamente a sua atividade de fiscalização, a SUSEP necessita de informações procedentes de variadas entidades, que muitas vezes estão sujeitas a diretrizes e a outros diplomas legais que prescrevem sigilo em relação às suas operações. No entanto, no exercício de suas atribuições, a SUSEP poderá requisitar informações e documentos de terceiros, relativos a fundos de investimento especialmente constituídos para receber recursos de seguradoras, de sociedades de capitalização, de entidades abertas de previdência complementar, bem como de fundos com patrimônio segregado, vinculados exclusivamente a planos de previdência complementar ou a coberturas de vida com cláusula de sobrevivência e contribuição variável.

A Resolução CNSP 88/02 estabelece os critérios para a realização de investimentos pelas sociedades seguradoras, sociedades de capitalização e entidades abertas de previdência complementar. Os investimentos devem ser registrados em nome da sociedade, em contas específicas abertas no Sistema Especial de Liquidação e de Custódia (SELIC), em sistemas de registro e de liquidação financeira de ativos autorizados pelo Banco Central do Brasil ou em instituições ou entidades autorizadas a prestar esses serviços pela referida autarquia ou pela CVM, e ser depositados, se admissível, em conta de custódia em instituições financeiras ou entidades autorizadas a prestar esse serviço pela CVM.

Além de inúmeras vedações previstas no art. 7º, a citada Resolução determina que os investimentos devem ser geridos de modo que lhes sejam garantidas segurança, rentabilidade, solvência e liquidez e que sejam observados elevados padrões éticos, bem como as especificidades da sociedade, tais como as características de suas obrigações, com vistas à manutenção do necessário equilíbrio econômico-financeiro entre ativos e passivos. A sociedade deverá manter procedimentos de controle e de avaliação do risco de mercado e dos demais riscos inerentes aos seus investimentos, de acordo com regulamentação editada pela SUSEP.

Por outro lado, a Lei 11.196, de 21.11.2005, em seu Capítulo XII, autorizou as entidades abertas de previdência complementar e as sociedades seguradoras, a partir de 1º de janeiro de 2006, a constituir fundos de investimento, com patrimônio segregado, vinculados exclusivamente a planos de previdência complementar ou a seguros de vida com cláusula de cobertura por sobrevivência, estruturados na modalidade de contribuição variável, por elas comercializados e administrados. Durante o período de acumulação, a remuneração da provisão matemática de benefícios a conceder, dos planos e dos seguros referidos, terá por base a rentabilidade da carteira de investimentos dos respectivos fundos. Tais fundos de investimento somente poderão ser administrados por instituições autorizadas pela CVM para o exercício da administração de carteira de valores mobiliários.

O patrimônio desses fundos de investimento não se comunica com o das entidades abertas de previdência complementar ou das sociedades seguradoras que os constituírem, não respondendo, nem mesmo subsidiariamente, por dívidas destas. Desse modo, em caso de falência ou liquidação extrajudicial da entidade aberta de previdência complementar ou da sociedade seguradora, o patrimônio dos fundos não integrará a respectiva massa falida ou liquidanda.Os bens e direitos integrantes do patrimônio dos fundos não poderão ser penhorados, seqüestrados, arrestados ou objeto de qualquer outra forma de constrição judicial em decorrência de dívidas da entidade aberta de previdência complementar ou da sociedade seguradora.

A Instrução Normativa CVM 459/07 regula especificamente a constituição, a administração, o funcionamento e a divulgação de informações dos fundos de investimento vinculados exclusivamente a planos de previdência complementar ou a seguros de vida com cláusula de cobertura por sobrevivência, estruturados na modalidade de contribuição variável, a que se referem os arts. 76 e seguintes da Lei 11.196/05.

Art. 27. Os arts. 8°, 16, 32, 86, 88, 96, 100, 108, 111 e 112 do Decreto-Lei n° 73, de 21 de novembro de 1966, passam a vigorar com a seguinte redação:

"Art. 8° ....
....
c) dos resseguradores;
.... "

"Art. 16. ....
Parágrafo único. (VETADO)."

"Art. 32. ....
....
VI — delimitar o capital das sociedades seguradoras e dos resseguradores;
....
VIII — disciplinar as operações de co-seguro;
IX — (revogado);
....
XIII — (revogado);
.... "

"Art. 86. Os segurados e beneficiários que sejam credores por indenização ajustada ou por ajustar têm privilégio especial sobre reservas técnicas, fundos especiais ou provisões garantidoras das operações de seguro, de resseguro e de retrocessão.

Parágrafo único. Após o pagamento aos segurados e beneficiários mencionados no caput deste artigo, o privilégio citado será conferido, relativamente aos fundos especiais, reservas técnicas ou provisões garantidoras das operações de resseguro e de retrocessão, às sociedades seguradoras e, posteriormente, aos resseguradores."

"Art. 88. As sociedades seguradoras e os resseguradores obedecerão às normas e instruções dos órgãos regulador e fiscalizador de seguros sobre operações de seguro, co-seguro, resseguro e retrocessão, bem como lhes fornecerão dados e informações atinentes a quaisquer aspectos de suas atividades. Parágrafo único. Os inspetores e funcionários credenciados do órgão fiscalizador de seguros terão livre acesso às sociedades seguradoras e aos resseguradores, deles podendo requisitar e apreender livros, notas técnicas e documentos, caracterizando-se como embaraço à fiscalização, sujeito às penas previstas neste Decreto-Lei, qualquer dificuldade oposta aos objetivos deste artigo."

"Art. 96. ....
....
c) acumular obrigações vultosas devidas aos resseguradores, a juízo do órgão fiscalizador de seguros, observadas as determinações do órgão regulador de seguros;
.... "

"Art. 100. ....
....
c) a relação dos créditos da Fazenda Pública e da Previdência Social;
.... "

"Art. 108. A infração às normas referentes às atividades de seguro, co-seguro e capitalização sujeita, na forma definida pelo órgão regulador de seguros, a pessoa natural ou jurídica responsável às seguintes penalidades administrativas, aplicadas pelo órgão fiscalizador de seguros:
I — advertência;
II — suspensão do exercício das atividades ou profissão abrangidas por este Decreto-Lei pelo prazo de até 180 (cento e oitenta) dias;
III — inabilitação, pelo prazo de 2 (dois) anos a 10 (dez) anos, para o exercício de cargo ou função no serviço público e em empresas públicas, sociedades de economia mista e respec-

tivas subsidiárias, entidades de previdência complementar, sociedades de capitalização, instituições financeiras, sociedades seguradoras e resseguradores;

IV — multa de R$ 10.000,00 (dez mil reais) a R$ 1.000.000,00 (um milhão de reais); e

V — suspensão para atuação em 1 (um) ou mais ramos de seguro ou resseguro.

VI — (revogado);
VII — (revogado);
VIII — (revogado);
IX — (revogado).

§ 1º A penalidade prevista no inciso IV do caput deste artigo será imputada ao agente responsável, respondendo solidariamente o ressegurador ou a sociedade seguradora ou de capitalização, assegurado o direito de regresso, e poderá ser aplicada cumulativamente com as penalidades constantes dos incisos I, II, III ou V do caput deste artigo.

§ 2º Das decisões do órgão fiscalizador de seguros caberá recurso, no prazo de 30 (trinta) dias, com efeito suspensivo, ao órgão competente.

§ 3º O recurso a que se refere o § 2º deste artigo, na hipótese do inciso IV do caput deste artigo, somente será conhecido se for comprovado pelo requerente o pagamento antecipado, em favor do órgão fiscalizador de seguros, de 30% (trinta por cento) do valor da multa aplicada.

§ 4º Julgada improcedente a aplicação da penalidade de multa, o órgão fiscalizador de seguros devolverá, no prazo máximo de 90 (noventa) dias a partir de requerimento da parte interessada, o valor depositado.

§ 5º Em caso de reincidência, a multa será agravada até o dobro em relação à multa anterior, conforme critérios estipulados pelo órgão regulador de seguros."

"Art. 111. Compete ao órgão fiscalizador de seguros expedir normas sobre relatórios e pareceres de prestadores de serviços de auditoria independente aos resseguradores, às socieda-

des seguradoras, às sociedades de capitalização e às entidades abertas de previdência complementar.
a) (revogada);
b) (revogada);
c) (revogada);
d) (revogada);
e) (revogada);
f) (revogada pela Lei n° 9.932, de 20 de dezembro de 1999);
g) (revogada);
h) (revogada);
i) (revogada).

§ 1º Os prestadores de serviços de auditoria independente aos resseguradores, às sociedades seguradoras, às sociedades de capitalização e às entidades abertas de previdência complementar responderão, civilmente, pelos prejuízos que causarem a terceiros em virtude de culpa ou dolo no exercício das funções previstas neste artigo.

§ 2º Sem prejuízo do disposto no caput deste artigo, os prestadores de serviços de auditoria independente responderão administrativamente perante o órgão fiscalizador de seguros pelos atos praticados ou omissões em que houverem incorrido no desempenho das atividades de auditoria independente aos resseguradores, às sociedades seguradoras, às sociedades de capitalização e às entidades abertas de previdência complementar.

§ 3º Instaurado processo administrativo contra resseguradores, sociedades seguradoras, sociedades de capitalização e entidades abertas de previdência complementar, o órgão fiscalizador poderá, considerada a gravidade da infração, cautelarmente, determinar a essas empresas a substituição do prestador de serviços de auditoria independente.

§ 4º Apurada a existência de irregularidade cometida pelo prestador de serviços de auditoria independente mencionado no caput deste artigo, serão a ele aplicadas as penalidades previstas no art. 108 deste Decreto-Lei.

§ 5º Quando as entidades auditadas relacionadas no caput deste artigo forem reguladas ou fiscalizadas pela Comissão de Valores Mobiliários ou pelos demais órgãos reguladores e fiscalizadores, o disposto neste artigo não afastará a competência desses órgãos para disciplinar e fiscalizar a atuação dos respectivos prestadores de serviço de auditoria independente e para aplicar, inclusive a esses auditores, as penalidades previstas na legislação própria."

"Art. 112. Às pessoas que deixarem de contratar os seguros legalmente obrigatórios, sem prejuízo de outras sanções legais, será aplicada multa de:
I — o dobro do valor do prêmio, quando este for definido na legislação aplicável; e
II — nos demais casos, o que for maior entre 10% (dez por cento) da importância segurável ou R$ 1.000,00 (mil reais)."

A presente Lei do Resseguro volta a introduzir modificações no conhecido Decreto-Lei 73/66, alicerce insubstituível do vigente Sistema Nacional de Seguros Privados. As principais modificações do presente dispositivo legal dizem respeito à inclusão do resseguro e de seus agentes ao vetusto diploma legal, contudo também atualiza valores de multas, altera procedimentos relativos a penalidades e estabelece responsabilidades de prestadores de serviços de auditoria independente.

Vale lembrar que o ressegurador local estará sujeito às determinações do Decreto Lei 73/66, bem como aos demais diplomas legais aplicáveis às seguradoras. Além disso, o ressegurador local estará sujeito às prescrições do CNSP relativas a requisitos e procedimentos de constituição, autorização de funcionamento, transferência de controle societário, reorganização societária e cancelamento de autorização para funcionamento, bem como sobre a eleição ou nomeação de membros de órgãos estatutários das sociedades supervisionadas pela SUSEP.

Art. 28. (VETADO)

O presente dispositivo tratava de matéria relativa à Lei 8.031/90, que fora revogada pela Lei no 9.491/97, sendo, portanto, imperioso este veto da Presidência da República, nos termos do art. 66, § 1º, da Constituição Federal.

Art. 29. A regulação de co-seguro, resseguro e retrocessão deverá assegurar prazo não inferior a 180 (cento e oitenta) dias para o Instituto de Resseguros do Brasil se adequar às novas regras de negócios, operações de resseguro, renovação dos contratos de retrocessão, plano de contas, regras de tributação, controle dos negócios de retrocessão no exterior e demais aspectos provenientes da alteração do marco regulatório decorrente desta Lei Complementar.

Após 69 anos de monopólio de resseguro no país, o IRB recebeu apenas alguns meses para tornar-se mais eficiente e capaz de assegurar produtos de qualidade a preços competitivos a seus clientes. Já em 1997, a empresa fora transformada em sociedade anônima, passando a ser chamado IRB-Brasil Resseguros S.A. O governo do então presidente Fernando Henrique Cardoso pretendia privatizar o IRB, todavia uma ação direta de inconstitucionalidade, movida pelo Partido dos Trabalhadores (PT), ocasionou adiamentos dos leilões de privatização. Em 21 de agosto de 1997, o Congresso Nacional aprovara a Emenda Constitucional nº 13, que extinguia o monopólio do resseguro no Brasil. A medida consta do artigo 192 (regulamentação do sistema financeiro), inciso II da Constituição Federal, que eliminou a expressão "órgão oficial ressegurador". Contudo, essa Emenda Constitucional necessitava de regulamentação, por Lei Complementar, para que o mercado de resseguro pudesse operar livremente.

Art. 30. Esta Lei Complementar entra em vigor na data de sua publicação.

A Lei do Resseguro foi publicada no Diário Oficial da União de 16 de janeiro de 2007. Vale lembrar que sua regulamentação somente foi publicada em 19 de dezembro do mesmo ano, através da Resolução CNSP nº 168, de 17 de dezembro de 2007. Além disso, o art. 51 da Resolução 168/07 estabeleceu o início de vigência desse diploma legal apenas 120 dias após a sua publicação (19.12.2007), o que veio a ocorrer no dia 17 de abril de 2008, data oficial da tão esperada abertura do resseguro no Brasil.

Art. 31. Ficam revogados os arts. 6º, 15 e 18, a alínea i do caput do art. 20, os arts. 23, 42, 44 e 45, o § 4º do art. 55, os arts. 56 a 71, a alínea c do caput e o § 1º do art. 79, os arts. 81 e 82, o § 2º do art. 89 e os arts. 114 e 116 do Decreto-Lei nº 73, de 21 de novembro de 1966, e a Lei nº 9.932, de 20 de dezembro de 1999.

O artigo final da Lei do Resseguro revoga uma série de dispositivos do Decreto-Lei 73/66, que vem regulando o Sistema Nacional de Seguros Privados no Brasil nas últimas quatro décadas. Frente à nova realidade de um mercado de resseguro aberto e competitivo, era imperioso revogar, dentre outros, o art. 6º do Decreto-Lei 73/66, que restringia a colocação de seguros e resseguros no exterior apenas aos riscos que não encontrassem cobertura no país ou que não fossem de conveniência do interesse nacional. No mesmo sentido, o art. 15 utilizava a linguagem da época, dispondo que o CNSP e o Governo Federal poderiam assumir riscos catastróficos através do IRB, desde que fossem de interesse da economia e da segurança do país.

Dignas de nota também as revogações dos arts. 42, 44 e 45, que atribuíam ao IRB a competência para regular o co-seguro, o resseguro e a retrocessão no Brasil, bem como a administração de Bolsas de Seguro, destinadas a promover a colocação, no país ou no exterior, de seguros e resseguros especiais, que não encontrassem cobertura normal no mercado nacional. Por outro lado, de uma só penada, restou revogada toda a Seção IV, do Decreto-Lei 73/66, que tratava das operações do IRB (arts. 56 a 71).

A partir do advento da presente Lei do Resseguro, as seguradoras nacionais não estão mais obrigadas a ressegurar no IRB as responsabilidades excedentes de seu limite técnico, em cada ramo de operações e, nem em caso de co-seguro, a cota fixada pelo CNSP, em virtude da revogação do § 1º do art. 79, do Decreto-Lei 73/66. A colocação de seguros e resseguros no exterior não depende mais da intermediação ou autorização do IRB (revogação dos arts. 81 e 82 do Decreto-Lei 73/66).

O presente dispositivo legal termina por revogar também integralmente a Lei 9.932/99, que por ser uma lei ordinária, não tinha condições de alterar ou revogar o Decreto-Lei 73/66 (que tinha escopo de lei complementar). O projeto de lei ordinária, transferindo o controle do resseguro para a SUSEP tinha sido aprovado pela Câmara dos Deputados, em 14 de dezembro de 1999 e, logo a seguir, pelo Senado Federal. O então Presidente da República, Fernando Henrique Cardoso, sancionou a Lei 9.932, em 20 de dezembro do mesmo ano, transferindo do IRB-Brasil Re para a SUSEP a fiscalização e a normatização do resseguro no Brasil. A medida foi publicada no Diário Ofical da União no dia seguinte. Essa lei, contudo, foi, em seguida, declarada provisoriamente inconstitucional pelo Supremo Tribunal Federal, em virtude de ação direta de inconstitucionalidade já referida.

Logo após as festas de Ano Novo de encerramento do milênio, o CNSP, em 14 de janeiro de 2000, definiu regras básicas para um mercado de resseguro aberto. Contudo, os atos normativos baixados após a Lei 9.932/99 permaneceram sem valor legal, enquanto mantida a decisão do STF. Segundo a maior instância do Judiciário brasileiro, a Emenda Constitucional 13/96, ao suprimir a expressão "órgão oficial ressegurador" do inciso II do artigo 192 da Constituição Federal, aboliu o monopólio da IRB-Brasil Resseguros S/A — IRB BRASIL RE. Além disso, o Pretório Excelso declarou que a regulamentação do sistema financeiro nacional, no que concerne à autorização e funcionamento dos estabelecimentos de seguro, resseguro, previdência e capitalização, bem como do órgão fiscalizador, é matéria reservada à lei complementar. As funções regulatórias e de fiscalização conferidas à empresa IRB — Brasil Resseguros S/A pelo Decreto-Lei 73/66, recebido pela Constituição de 1988, não poderiam ser alteradas por lei ordinária. Restou vencido o entendimento divergente do relator, o Ministro Marco Aurélio Mendes de Farias Mello, que apenas suspendia a vigência da expressão "incluindo a competência para conceder autorizações", constante do artigo 1º da Lei 9.932/99, por considerar que os demais dispositivos disciplinam matéria típica de lei ordinária. A liminar, referendada pelo Pleno, suspendeu a eficácia dos artigos 1º e 2º; parágrafo único do artigo 3º; artigos 4º ao 10; e artigo 12, da Lei 9.932/99. A revogação expressa dessa lei ordinária, através do presente dispositivo legal da Lei do Resseguro, prejudicou o julgamento da ação direta de inconstitucionalidade pelo STF e a demanda foi finalmente arquivada.

Referências bibliográficas

BENDER, Klaus J. *Die optimale Rückversicherungsform von Katastrophenrisiken bei Moral Hazard: Eine agencytheoretische Untersuchung des Katastrophenschadenexzedenten.* Karlsruhe, VVW, v. 13, 2002.

BIDINO, Maria Elena. *Contrato de resseguro: cláusulas contratuais.* Rio de Janeiro, Funenseg, 1997.

BOTTI, Paulo Eduardo de Freitas. *Introdução ao resseguro.* São Paulo, Nobel, 1995.

CONTRERAS, Oswaldo. *A formação e a execução do contrato de resseguro e a importância dos usos e costumes internacionais.* II Congresso Brasileiro de Direito de Seguro e Previdência, AIDA-BR/EMERJ, Rio de Janeiro, 2008.

DI GROPELLO, Giulio. *Princípios da técnica de resseguro: resseguro financeiro e derivativos em resseguro.* Rio de Janeiro, Funenseg, 1997.

DIRUB, Ariel Fernández. *Manual de Reaseguros.* Buenos Aires, FIDES, 1992.

ENDERLEIN, Stefan. *Techniken der nichtproportionalen Rückversicherung.* Munique, GRIN Verlag, 2004.

GASTEL, Ruth. *Reinsurance: fundamentals and new challenges.* Nova York, Insurance Information Institute, 1989.

GERATHEWOHL, Klaus. *Reinsurance Principles and Practice.* Karlsruhe, Verlag Versicherungswirtschaft e.V., 1980 (v. I); 1982 (v. II).

GROSSMANN, Marcel. *Rückversicherung — eine Einführung.* Berna/Frankfurt am Main, Verlag Peter Lang, 1977.

HADDAD, Marcelo Mansur. *O resseguro internacional.* Rio de Janeiro, FUNENSEG, Cadernos de Seguro: teses, v. 8, 2002.

HEERMANN, Lars. *Rating von Rückversicherungsunternehmen.* Colônia, EUL, v. 7, 2007.

HOGG, Robert V. *Loss distribuitions.* Nova York, John Wiley & Sons Inc., 1984.

HORSTKÖTTER, Markus. *Die Bilanzierung von Insurance-Linked-Bonds bei direkter und indirekter Emission.* Colônia, EUL, v. 50, 2008.

INSURANCE INSTITUTE OF AMERICA. *Práticas de Resseguro.* Rio de Janeiro, Funenseg, v. 1 e v. 2, 1997

_____. *Princípios de Resseguro.* Rio de Janeiro, Funenseg, v. 1 e v. 2, 2001.

IRB BRASIL RE. *Dicionário de seguros.* 2. ed., Rio de Janeiro, Funenseg, 2000.

ISSA, Maurício. *Termos padronizados do comércio e transporte internacional: incoterms, revised e de condição de frete.* São Paulo, Aduaneiras, 1987.

KÖSSLER, Nils. *Die Versicherungsaufsicht über Rückversicherungsunternehmen: Vom Reichsgesetz von 1901 bis zur Richtlinie über die Rückversicherung.* Hamburgo, Verlag Dr. Kovaè, 2008.

LIEBWEIN, Peter. *Klassische und modernen Formen der Rückversicherung.* Karlsruhe, VVW, 2000.

_____. *Strukturierung von Rückversicherungsentscheidungen: Ein entscheidungstheoretisches Modell der Risikopolitik von Versicherungsunternehmen.* Karlsruhe, VVW, 2000.

LIPPE, Stefan. *Risiko, Kapitalmanagement und Rückversicherung.* Karlsruhe, VVW, v. 75, 2000.

MECHLER, Reinhard. *Natural Disaster Risk Management and Financing Disaster Losses in Developing Countries.* Karlsruhe, VVW, v. 1, 2004.

MELLO, Sergio Ruy Barroso de. *Arbitragem no seguro e resseguro.* Rio de Janeiro, Funenseg, 2007.

MENTZEL, Ralf. *Rückversicherung und Marktwertorientierung in der Schadenversicherung: Eine theoretische Analyse unter besonderer Berücksichtigung proportionaler Rückversicherung*. Karlsruhe, VVW, 2004.
MESSINA, Adyr Pecego. *Seguro e resseguro*, Rio de Janeiro, IRB, 1985.
MUNICH RE — *Diretrizes para a prestação de contas entre a seguradora e o ressegurador em ramos elementares*. Munique, 2000.
_____. *Risikotransfer in den Kapitalmarket*. Munique, 2001.
PFEIFFER, Christoph. *Einführung in die Rückversicherung*. 5º ed., Wiesbaden, Gabler Verlag, 2000.
RÁO, Vicente. *Ato Jurídico*. 3. ed. São Paulo, Saraiva, 1981.
RATTI, Bruno. *Vade-mécum de comércio internacional e câmbio*. São Paulo, Aduaneiras, 1991.
SCHMITZ, Klaus. *Rückversicherung von Elementarrisiken: Unter Berücksichtigung von Besonderheiten lateinamerikanischer (Rück-) Versicherungsmärkte*. Colônia, EUL, vol. 28, 1998.
SCHWEPKE, Andreas. *Rückversicherung*. 2º ed., Karlsruhe, VVW, 2004.
STRAIN, Robert W. et alee. *Reinsurance Contract Wording*. Athens, Strain Publishing & Services Inc., 1996.
STRUBE, Michaela. *Alternativer Risikotransfer von Katastrophenrisiken. Die Rückversicherung mit Anleihen und börsengehandelten Optionen im Vergleich*. Wiesbaden, DUV, 2001.
SWISS RE. *O resseguro dos ramos elementares*. 2. ed., Zurique, 1997.
_____. *Introdução ao seguro e resseguro de riscos de engenharia*. Zurique, 1999.
_____. *Introdução ao resseguro*. 5º ed., Zurique, 1999.
TEPEDINO, Gustavo e outros. *Código Civil interpretado conforme a Constituição da República*. Rio de Janeiro, Renovar v. 1, 2004.
VENOSA, Sílvio de Salvo. *Teoria Geral dos Contratos*. 3. ed. São Paulo, Atlas, 1997.

ANEXO 1

DECRETO-LEI Nº 73, DE 21 DE NOVEMBRO DE 1966

Dispõe sôbre o Sistema Nacional de Seguros Privados, regula as operações de seguros e resseguros e dá outras providências.

O PRESIDENTE DA REPÚBLICA, usando da atribuição que lhe confere o artigo 2º do Ato Complementar número 23, de 20 de outubro de 1966,

DECRETA:

CAPÍTULO I
Introdução

Art 1º Tôdas as operações de seguros privados realizados no País ficarão subordinadas às disposições do presente Decreto-lei.

Art 2º O contrôle do Estado se exercerá pelos órgãos instituídos neste Decreto-lei, no interêsse dos segurados e beneficiários dos contratos de seguro.

Art 3º Consideram-se operações de seguros privados os seguros de coisas, pessoas, bens, responsabilidades, obrigações, direitos e garantias.

Parágrafo único. Ficam excluídos das disposições dêste Decreto-lei os seguros do âmbito da Previdência Social, regidos pela legislação especial pertinente.

Art 4º Integra-se nas operações de seguros privados o sistema de cosseguro, resseguro e retrocessão, por forma a pulverizar os riscos e fortalecer as relações econômicas do mercado.

Parágrafo único. Aplicam-se aos estabelecimentos autorizados a operar em resseguro e retrocessão, no que couber, as regras estabelecidas para as sociedades seguradoras. (Incluído pela Lei nº 9.932, de 1999)

Art 5º A política de seguros privados objetivará:

I — Promover a expansão do mercado de seguros e propiciar condições operacionais necessárias para sua integração no processo econômico e social do País;

II — Evitar evasão de divisas, pelo equilíbrio do balanço dos resultados do intercâmbio, de negócios com o exterior;

III — Firmar o princípio da reciprocidade em operações de seguro, condicionando a autorização para o funcionamento de emprêsas e firmas estrangeiras a igualdade de condições no país de origem; (Redação dada pelo Decreto-lei nº 296, de 1967)

IV — Promover o aperfeiçoamento das Sociedades Seguradoras;

V — Preservar a liquidez e a solvência das Sociedades Seguradoras;

VI — Coordenar a política de seguros com a política de investimentos do Govêrno Federal, observados os critérios estabelecidos para as políticas monetária, creditícia e fiscal.

Art. 6º (Revogado pela Lei Complementar nº 126, de 2007)

CAPÍTULO II
Do Sistema Nacional De Seguros Privados

Art 7º Compete privativamente ao Govêrno Federal formular a política de seguros privados, legislar sôbre suas normas gerais e fiscalizar as operações no mercado nacional; (Redação dada pelo Decreto-lei nº 296, de 1967)

Art 8º Fica instituído o Sistema Nacional de Seguros Privados, regulado pelo presente Decreto-lei e constituído:
   a) do Conselho Nacional de Seguros Privados — CNSP;
   b) da Superintendência de Seguros Privados — SUSEP;
   c) dos resseguradores; (Redação dada pela Lei Complementar nº 126, de 2007)
   d) das Sociedades autorizadas a operar em seguros privados;
   e) dos corretores habilitados.

CAPÍTULO III
Disposições Especiais Aplicáveis ao Sistema

Art 9º Os seguros serão contratados mediante propostas assinadas pelo segurado, seu representante legal ou por corretor habilitado, com emissão das respectivas apólices, ressalvado o disposto no artigo seguinte.

Art 10. É autorizada a contratação de seguros por simples emissão de bilhete de seguro, mediante solicitação verbal do interessado.

§ 1º O CNSP regulamentará os casos previstos neste artigo, padronizando as cláusulas e os impressos necessários.

§ 2º Não se aplicam a tais seguros as disposições do artigo 1.433 do Código Civil.

Art 11. Quando o seguro fôr contratado na forma estabelecida no artigo anterior, a boa fé da Sociedade Seguradora, em sua aceitação, constitui presunção "juris tantum".

1º Sobrevindo o sinistro, a prova da ocorrência do risco coberto pelo seguro e a justificação de seu valor competirão ao segurado ou beneficiário.

§ 2º Será lícito à Sociedade Seguradora argüir a existência de circunstância relativa ao objeto ou interêsse segurado cujo conhecimento prévio influiria na sua aceitação ou na taxa de seguro, para exonerar-se da responsabilidade assumida, até no caso de sinistro. Nessa hipótese, competirá ao segurado ou beneficiário provar que a Sociedade Seguradora teve ciência prévia da circunstância argüida.

§ 3º A violação ou inobservância, pelo segurado, seu preposto ou beneficiário, de qualquer das condições estabelecidas para a contratação de seguros na forma do disposto no artigo 10 exonera a Sociedade Seguradora da responsabilidade assumida. (Redação dada pelo Decreto-lei nº 296, de 1967)

§ 4º É vedada a realização de mais de um seguro cobrindo o mesmo objeto ou interêsse, desde que qualquer dêles seja contratado mediante a emissão de simples certificado, salvo nos casos de seguros de pessoas.

Art 12. A obrigação do pagamento do prêmio pelo segurado vigerá a partir do dia previsto na apólice ou bilhete de seguro, ficando suspensa a cobertura do seguro até o pagamento do prêmio e demais encargos.

Parágrafo único. Qualquer indenização decorrente do contrato de seguros dependerá de prova de pagamento do prêmio devido, antes da ocorrência do sinistro.

Art 13. As apólices não poderão conter cláusula que permita rescisão unilateral dos contratos de seguro ou por qualquer modo subtraia sua eficácia e validade além das situações previstas em Lei.

Art 14. Fica autorizada a contratação de seguros com a cláusula de correção monetária para capitais e valôres, observadas equivalência atuarial dos compromissos futuros assumidos pelas partes contratantes, na forma das instruções do Conselho Nacional de Seguros Privados.

Art 15. (Revogado pela Lei Complementar nº 126, de 2007)

Art 16. É criado o Fundo de Estabilidade do Seguro Rural, com a finalidade de garantir a estabilidade dessas operações e atender à cobertura suplementar dos riscos de catástrofe.

Parágrafo único. (VETADO). (Redação dada pela Lei Complementar nº 126, de 2007)

Art 17. O Fundo de Estabilidade do Seguro Rural será constituído:

a) dos excedentes do máximo admissível tecnicamente como lucro nas operações de seguros de crédito rural, seus resseguros e suas retrocessões, segundo os limites fixados pelo CNSP;

b) dos recursos previstos no artigo 23, parágrafo 3°, dêste Decreto-lei; (Redação dada pelo Decreto-lei n° 296, de 1967)

c) por dotações orçamentárias anuais, durante dez anos, a partir do presente Decreto-lei ou mediante o crédito especial necessário para cobrir a deficiência operacional do exercício anterior. (Redação dada pelo Decreto-lei n° 296, de 1967)

Art 18. (Revogado pela Lei Complementar n° 126, de 2007)

Art 19. As operações de Seguro Rural gozam de isenção tributária irrestrita, de quaisquer impostos ou tributos federais.

Art 20. Sem prejuízo do disposto em leis especiais, são obrigatórios os seguros de:

a) danos pessoais a passageiros de aeronaves comerciais;

b) responsabilidade civil do proprietário de aeronaves e do transportador aéreo; (Redação dada pela Lei n° 8.374, de 1991)

c) responsabilidade civil do construtor de imóveis em zonas urbanas por danos a pessoas ou coisas;

d) bens dados em garantia de empréstimos ou financiamentos de instituições financeiras pública;

e) garantia do cumprimento das obrigações do incorporador e construtor de imóveis;

f) garantia do pagamento a cargo de mutuário da construção civil, inclusive obrigação imobiliária;

g) edifícios divididos em unidades autônomas;

h) incêndio e transporte de bens pertencentes a pessoas jurídicas, situados no País ou nêle transportados;

i) (Revogado pela Lei Complementar n° 126, de 2007)

j) crédito à exportação, quando julgado conveniente pelo CNSP, ouvido o Conselho Nacional do Comércio Exterior (CONCEX); (Redação dada pelo Decreto-Lei n° 826, de 1969)

l) danos pessoais causados por veículos automotores de vias terrestres e por embarcações, ou por sua carga, a pessoas transportadas ou não; (Redação dada pela Lei n° 8.374, de 1991)

m) responsabilidade civil dos transportadores terrestres, marítimos, fluviais e lacustres, por danos à carga transportada. (Incluída pela Lei n° 8.374, de 1991)

Parágrafo único. Não se aplica à União a obrigatoriedade estatuída na alínea "h" deste artigo. (Incluído pela Lei n° 10.190, de 2001)

Art 21. Nos casos de seguros legalmente obrigatórios, o estipulante equipara-se ao segurado para os eleitos de contratação e manutenção do seguro.

§ 1° Para os efeitos dêste Decreto-Lei, estipulante é a pessoa que contrata seguro por conta de terceiros, podendo acumular a condição de beneficiário.

§ 2° Nos seguros facultativos o estipulante é mandatário dos segurados.

§ 3° O CNSP estabelecerá os direitos e obrigações do estipulante, quando fôr o caso, na regulamentação de cada ramo ou modalidade de seguro.

§ 4° O não recolhimento dos prêmios recebidos de segurados, nos prazos devidos, sujeita o estipulante à multa, imposta pela SUSEP, de importância igual ao dôbro do valor dos prêmios por êle retidos, sem prejuízo da ação penal que couber. (Incluído pela Lei n° 5.627, de 1970)

Art 22. As instituições financeiras públicas não poderão realizar operações ativas de crédito com as pessoas jurídicas e firmas individuais que não tenham em dia os seguros obrigatórios por lei, salvo mediante aplicação da parcela do crédito, que fôr concedido, no pagamento dos prêmios em atraso. (Redação dada pelo Decreto-lei n° 296, de 1967)

Parágrafo único. Para participar de concorrências abertas pelo Poder Público, é indispensável comprovar o pagamento dos prêmios dos seguros legalmente obrigatórios.'

Art 23. (Revogado pela Lei Complementar n° 126, de 2007)

Art 24. Poderão operar em seguros privados apenas Sociedades Anônimas ou Cooperativas, devidamente autorizadas.

Parágrafo único. As Sociedades Cooperativas operarão únicamente em seguros agrícolas, de saúde e de acidentes do trabalho.

Art 25. As ações das Sociedades Seguradoras serão sempre nominativas.

Art.26. As sociedades seguradoras não poderão requerer concordata e não estão sujeitas à falência, salvo, neste último caso, se decretada a liquidação extrajudicial, o ativo não for suficiente para o pagamento de pelo menos a metade dos credores quirografários, ou quando houver fundados indícios da ocorrência de crime falimentar. (Redação dada pela Lei nº 10.190, de 2001)

Art 27. Serão processadas pela forma executiva as ações de cobrança dos prêmios dos contratos de seguro.

Art 28. A partir da vigência dêste Decreto-Lei, a aplicação das reservas técnicas das Sociedades Seguradoras será feita conforme as diretrizes do Conselho Monetário Nacional.

Art 29. Os investimentos compulsórios das Sociedades Seguradoras obedecerão a critérios que garantam remuneração adequada, segurança e liquidez.

Parágrafo único. Nos casos de seguros contratados com a cláusula de correção monetária é obrigatório o investimento das respectivas reservas nas condições estabelecidas neste artigo.

Art 30. As Sociedades Seguradoras não poderão conceder aos segurados comissões ou bonificações de qualquer espécie, nem vantagens especiais que importem dispensa ou redução de prêmio.

Art 31. É assegurada ampla defesa em qualquer processo instaurado por infração ao presente Decreto-Lei, sendo nulas as decisões proferidas com inobservância dêste preceito. (Redação dada pelo Decreto-lei nº 296, de 1967)

CAPÍTULO IV
Do Conselho Nacional de Seguros Privados

Art 32. É criado o Conselho Nacional de Seguros Privados — CNSP, ao qual compete privativamente: (Redação dada pelo Decreto-lei nº 296, de 1967)

I — Fixar as diretrizes e normas da política de seguros privados;

II — Regular a constituição, organização, funcionamento e fiscalização dos que exercerem atividades subordinadas a êste Decreto-Lei, bem como a aplicação das penalidades previstas;

III — Estipular índices e demais condições técnicas sôbre tarifas, investimentos e outras relações patrimoniais a serem observadas pelas Sociedades Seguradoras;
IV — Fixar as características gerais dos contratos de seguros;
V — Fixar normas gerais de contabilidade e estatística a serem observadas pelas Sociedades Seguradoras;
VI — delimitar o capital das sociedades seguradoras e dos resseguradores; (Redação dada pela Lei Complementar n° 126, de 2007)
VII — Estabelecer as diretrizes gerais das operações de resseguro;
VIII — disciplinar as operações de co-seguro; (Redação dada pela Lei Complementar n° 126, de 2007)
IX — (Revogado pela Lei Complementar n° 126, de 2007)
X — Aplicar às Sociedades Seguradoras estrangeiras autorizadas a funcionar no País as mesmas vedações ou restrições equivalentes às que vigorarem nos países da matriz, em relação às Sociedades Seguradoras brasileiras ali instaladas ou que nêles desejem estabelecer-se;
XI — Prescrever os critérios de constituição das Sociedades Seguradoras, com fixação dos limites legais e técnicos das operações de seguro;
XII — Disciplinar a corretagem de seguros e a profissão de corretor;
XIII — (Revogado pela Lei Complementar n° 126, de 2007)
XIV — Decidir sôbre sua própria organização, elaborando o respectivo Regimento Interno;
XV — Regular a organização, a composição e o funcionamento de suas Comissões Consultivas;
XVI — Regular a instalação e o funcionamento das Bolsas de Seguro.
Art.33. O CNSP será integrado pelos seguintes membros:(Restabelecido com nova redação pela Lei n° 10.190, de 2001)
I — Ministro de Estado da Fazenda, ou seu representante; (Restabelecido com nova redação pela Lei n° 10.190, de 2001)

II — representante do Ministério da Justiça; (Restabelecido com nova redação pela Lei nº 10.190, de 2001)

III — representante do Ministério da Previdência e Assistência Social; (Restabelecido com nova redação pela Lei nº 10.190, de 2001)

IV — Superintendente da Superintendência de Seguros Privados — SUSEP; (Restabelecido com nova redação pela Lei nº 10.190, de 2001)

V — representante do Banco Central do Brasil; (Restabelecido com nova redação pela Lei nº 10.190, de 2001)

VI—representante da Comissão de Valores Mobiliários — CVM. (Restabelecido com nova redação pela Lei nº 10.190, de 2001)

§1º O CNSP será presidido pelo Ministro de Estado da Fazenda e, na sua ausência, pelo Superintendente da SUSEP. (Restabelecido com nova redação pela Lei nº 10.190, de 2001)

§2º O CNSP terá seu funcionamento regulado em regimento interno. (Restabelecido com nova redação pela Lei nº 10.190, de 2001)

Art 34. Com audiência obrigatória nas deliberações relativas às respectivas finalidades específicas, funcionarão junto ao CNSP as seguintes Comissões Consultivas:

I — de Saúde;
II — do Trabalho;
III — de Transporte;
IV — Mobiliária e de Habitação;
V — Rural;
VI — Aeronáutica;
VII — de Crédito;
VIII — de Corretores.

§ 1º — O CNSP poderá criar outras Comissões Consultivas, desde que ocorra justificada necessidade.

§ 2º — A organização, a composição e o funcionamento das Comissões Consultivas serão regulados pelo CNSP, cabendo ao seu Presidente designar os representantes que as integrarão, mediante indicação das entidades participantes delas. (Redação dada pelo Decreto-lei nº 296, de 1967)

CAPÍTULO V
Da Superintendência de Seguros Privados

SEÇÃO I

Art 35. Fica criada a Superintendência de Seguros Privados (SUSEP), entidade autárquica, jurisdicionada ao Ministério da Indústria e do Comércio, dotada de personalidade jurídica de Direito Público, com autonomia administrativa e financeira.

Parágrafo único. A sede da SUSEP será na cidade do Rio de Janeiro, Estado da Guanabara, até que o Poder Executivo a fixe, em definitivo, em Brasília.

Art 36. Compete à SUSEP, na qualidade de executora da política traçada pelo CNSP, como órgão fiscalizador da constituição, organização, funcionamento e operações das Sociedades Seguradoras:

a) processar os pedidos de autorização, para constituição, organização, funcionamento, fusão, encampação, grupamento, transferência de contrôle acionário e reforma dos Estatutos das Sociedades Seguradoras, opinar sôbre os mesmos e encaminhá-los ao CNSP;

b) baixar instruções e expedir circulares relativas à regulamentação das operações de seguro, de acôrdo com as diretrizes do CNSP;

c) fixar condições de apólices, planos de operações e tarifas a serem utilizadas obrigatòriamente pelo mercado segurador nacional;

d) aprovar os limites de operações das Sociedades Seguradoras, de conformidade com o critério fixado pelo CNSP;

e) examinar e aprovar as condições de coberturas especiais, bem como fixar as taxas aplicáveis; (Redação dada pelo Decreto-lei nº 296, de 1967)

f) autorizar a movimentação e liberação dos bens e valôres obrigatòriamente inscritos em garantia das reservas técnicas e do capital vinculado;

g) fiscalizar a execução das normas gerais de contabilidade e estatística fixadas pelo CNSP para as Sociedades Seguradoras;

h) fiscalizar as operações das Sociedades Seguradoras, inclusive o exato cumprimento dêste Decreto-lei, de outras leis pertinentes, disposições regulamentares em geral, resoluções do CNSP e aplicar as penalidades cabíveis;

i) proceder à liquidação das Sociedades Seguradoras que tiverem cassada a autorização para funcionar no País;

j) organizar seus serviços, elaborar e executar seu orçamento.

SEÇÃO II
Da Administração da SUSEP

Art 37. A administração da SUSEP será exercida por um Superintendente, nomeado pelo Presidente da República, mediante indicação do Ministro da Indústria e do Comércio, que terá as suas atribuições definidas no Regulamento dêste Decreto-lei e seus vencimentos fixados em Portaria do mesmo Ministro. (Redação dada pelo Decreto-lei n° 168, de 1967)

Parágrafo único. A organização interna da SUSEP constará de seu Regimento, que será aprovado pelo CNSP. (Redação dada pelo Decreto-lei n° 168, de 1967)

SEÇÃO III

Art. 38. Os cargos da SUSEP sómente poderão ser preenchidos mediante concurso público de provas, ou de provas e títulos, salvo os da direção e os casos de contratação, por prazo determinado, de prestação de serviços técnicos ou de natureza especializada. (Redação dada pelo Decreto-lei n° 168, de 1967)

Parágrafo único. O pessoal da SUSEP reger-se-á pela legislação trabalhista e os seus níveis salariais serão fixados pelo Superintendente, com observância do mercado de trabalho, ouvido o CNSP. (Redação dada pelo Decreto-lei n° 168, de 1967)

SEÇÃO IV
Dos Recursos Financeiros

Art 39. Do produto da arrecadação do impôsto sôbre operações financeiras a que se refere a Lei n° 5.143, de 20-10-66, será destacada a parcela necessária ao custeio das atividades da SUSEP.

Art 40. Constituem ainda recursos da SUSEP:

I — O produto das multas aplicadas pela SUSEP;
II — Dotação orçamentária específica ou créditos especiais;
III — Juros de depósitos bancários;
IV — A participação que lhe fôr atribuída pelo CNSP no fundo previsto no art. 16;
V — Outras receitas ou valores adventícios, resultantes de suas atividades.

CAPÍTULO VI
Do Instituto de Resseguros do Brasil

SEÇÃO I
Da Natureza Jurídica, Finalidade, Constituição e Competência

Art 41. O IRB é uma sociedade de economia mista, dotada de personalidade jurídica própria de Direito Privado e gozando de autonomia administrativa e financeira.

Parágrafo único — O IRB será representado em juízo ou fora dêle por seu Presidente e responderá no fôro comum.

Art. 42. (Revogado pela Lei Complementar n° 126, de 2007)

Art. 43. O capital social do IRB é representado por ações escriturais, ordinárias e preferenciais, todas sem valor nominal. (Redação dada pela Lei n° 9.482, de 1997)

Parágrafo único. As ações ordinárias, com direito a voto, representam, no mínimo, cinqüenta por cento do capital social. (Incluído pela Lei n° 9.482, de 1997)

Art 44. (Revogado pela Lei Complementar n° 126, de 2007)
Art 45. (Revogado pela Lei Complementar n° 126, de 2007)

SEÇÃO II
Da Administração e do Conselho Fiscal

Art. 46. São órgãos de administração do IRB o Conselho de Administração e a Diretoria. (Redação dada pela Lei n° 9.482, de 1997)

§ 1° O Conselho de Administração é composto por seis membros, eleitos pela Assembléia Geral, sendo: (Incluído pela Lei n° 9.482, de 1997)

I — três membros indicados pelo Ministro de Estado da Fazenda, dentre eles: (Incluído pela Lei n° 9.482, de 1997)

a) o Presidente do Conselho; (Incluída pela Lei n° 9.482, de 1997)

b) o Presidente do IRB, que será o Vice-Presidente do Conselho; (Incluída pela Lei n° 9.482, de 1997)

II — um membro indicado pelo Ministro de Estado do Planejamento e orçamento; (Incluído pela Lei n° 9.482, de 1997)

III — um membro indicado pelos acionistas detentores de ações preferenciais; (Incluído pela Lei n° 9.482, de 1997)

IV — um membro indicado pelos acionistas minoritários, detentores de ações ordinárias. (Incluído pela Lei n° 9.482, de 1997)

§ 2° A Diretoria do IRB é composta por seis membros, sendo o Presidente e o Vice-Presidente Executivo nomeados pelo Presidente da República, por indicação do Ministro de Estado da Fazenda, e os demais eleitos pelo Conselho de Administração. (Incluído pela Lei n° 9.482, de 1997)

§ 3° Enquanto a totalidade das ações ordinárias permanecer com a União, aos acionistas detentores de ações preferenciais será facultado o direito de indicar até dois membros para o Conselho de Administração do IRB. (Incluído pela Lei n° 9.482, de 1997)

§ 4° Os membros do Conselho de Administração e da Diretoria do IRB terão mandato de três anos, observado o disposto na Lei n° 6.404, de 15 de dezembro de 1976. (Incluído pela Lei n° 9.482, de 1997)

Art. 47 O Conselho Fiscal do IRB é composto por cinco membros efetivos e respectivos suplentes, eleitos pela Assembléia Geral, sendo: (Redação dada pela Lei n° 9.482, de 1997)

I — três membros e respectivos suplentes indicados pelo Ministro de Estado da Fazenda, dentre os quais um representante do Tesouro Nacional; (Incluído pela Lei n° 9.482, de 1997)

II — um membro e respectivo suplente eleitos, em votação em separado, pelos acionistas minoritários detentores de ações ordinárias; (Incluído pela Lei n° 9.482, de 1997)

III — um membro e respectivo suplente eleitos pelos acionistas detentores de ações preferenciais sem direito a voto ou com voto restrito, excluído o acionista controlador, se detentor dessa espécie de ação. (Incluído pela Lei n° 9.482, de 1997)

Parágrafo único. Enquanto a totalidade das ações ordinárias permanecer com a União, aos acionistas detentores de ações preferenciais será facultado o direito de indicar até dois membros para o Conselho Fiscal do IRB. (Incluído pela Lei n° 9.482, de 1997)

Art. 48. Os estatutos fixarão a competência do Conselho de Administração e da Diretoria do IRB. (Redação dada pela Lei n° 9.482, de 1997)

Arts. 49 a 54. (Revogados pela Lei n° 9.482, de 1997)

SEÇÃO III
Do Pessoal

Art 55. Os serviços do IRB serão executados por pessoal admitido mediante concurso público de provas ou de provas e títulos, cabendo aos Estatutos regular suas condições de realização, bem como os direitos, vantagens e deveres dos servidores, inclusive as punições aplicáveis.

§ 1° A nomeação para cargo em comissão será feita pelo Presidente, depois de aprovada sua criação pelo Conselho Técnico.

§ 2° É permitida a contratação de pessoal destinado a funções técnicas especializadas ou para serviços auxiliares de manutenção, transporte, higiene e limpeza.

§ 3º Ficam assegurados aos servidores do IRB os direitos decorrentes de normas legais em vigor, no que digam respeito à participação nos lucros, aposentadoria, enquadramento sindical, estabilidade e aplicação da legislação do trabalho. (Redação dada pelo Decreto-lei nº 296, de 1967)

§ 4º (Revogado pela Lei Complementar nº 126, de 2007)

SEÇÃO IV
Das Operações

Arts. 56 a 64. (Revogado pela Lei Complementar nº 126, de 2007)

SEÇÃO V
Das Liquidações de Sinistros

Arts. 65 a 69. (Revogado pela Lei Complementar nº 126, de 2007)

SEÇÃO VI
Do Balanço e Distribuição de Lucros

Arts. 70 e 71. (Revogado pela Lei Complementar nº 126, de 2007)

CAPÍTULO VII
Das Sociedades Seguradoras

SEÇÃO I
Legislação Aplicável

Art 72. As Sociedades Seguradoras serão reguladas pela legislação geral no que lhes fôr aplicável e, em especial, pelas disposições do presente Decreto-lei.

Parágrafo único. Aplicam-se às sociedades seguradoras o disposto no art. 25 da Lei nº 4.595, de 31 de dezembro de 1964, com a redação que lhe dá o art. 1º desta lei. (Incluído pela Lei nº 5.710, de 1971)

Art 73. As Sociedades Seguradoras não poderão explorar qualquer outro ramo de comércio ou indústria.

SEÇÃO II
Da Autorização para Funcionamento

Art 74. A autorização para funcionamento será concedida através de Portaria do Ministro da Indústria e do Comércio, mediante requerimento firmado pelos incorporadores, dirigido ao CNSP e apresentado por intermédio da SUSEP.

Art 75. Concedida a autorização para funcionamento, a Sociedade terá o prazo de noventa dias para comprovar perante a SUSEP, o cumprimento de tôdas as formalidades legais ou exigências feitas no ato da autorização.

Art 76. Feita a comprovação referida no artigo anterior, será expedido a carta-patente pelo Ministro da Indústria e do Comércio.

Art 77. As alterações dos Estatutos das Sociedades Seguradoras dependerão de prévia autorização do Ministro da Indústria e do Comércio, ouvidos a SUSEP e o CNSP.

SEÇÃO III
Das Operações das Sociedades Seguradoras

Art 78. As Sociedades Seguradoras só poderão operar em seguros para os quais tenham a necessária autorização, segundo os planos, tarifas e normas aprovadas pelo CNSP.

Art 79. É vedado às Sociedades Seguradoras reter responsabilidades cujo valor ultrapasse os limites técnicos, fixados pela SUSEP de acôrdo com as normas aprovadas pelo CNSP, e que levarão em conta:

a) a situação econômico-financeira das Sociedades Seguradoras;

b) as condições técnicas das respectivas carteiras;

c) (Revogado pela Lei Complementar n° 126, de 2007)
§ 1° (Revogado pela Lei Complementar n° 126, de 2007)
§ 2° Não haverá cobertura de resseguro para as responsabilidades assumidas pelas Sociedades Seguradoras em desacôrdo com as normas e instruções em vigor.

Art 80. As operações de cosseguro obedecerão a critérios fixados pelo CNSP, quanto à obrigatoriedade e normas técnicas.

Art 81. (Revogado pela Lei Complementar n° 126, de 2007)

Art 82. (Revogado pela Lei Complementar n° 126, de 2007)

Art 83. As apólices, certificados e bilhetes de seguro mencionarão a responsabilidade máxima da Sociedade Seguradora, expressa em moeda nacional, para cobertura dos riscos nêles descritos e caracterizados.

Art 84. Para garantia de tôdas as suas obrigações, as Sociedades Seguradoras constituirão reservas técnicas, fundos especiais e provisões, de conformidade com os critérios fixados pelo CNSP, além das reservas e fundos determinados em leis especiais.

§1° O patrimônio líquido das sociedades seguradoras não poderá ser inferior ao valor do passivo não operacional, nem ao valor mínimo decorrente do cálculo da margem de solvência, efetuado com base na regulamentação baixada pelo CNSP. (Incluído pela Lei n° 10.190, de 2001)

§2° O passivo não operacional será constituído pelo valor total das obrigações não cobertas por bens garantidores.(Incluído pela Lei n° 10.190, de 2001)

§3° As sociedades seguradoras deverão adequar-se ao disposto neste artigo no prazo de um ano, prorrogável por igual período e caso a caso, por decisão do CNSP. (Incluído pela Lei n° 10.190, de 2001)

Art 85. Os bens garantidores das reservas técnicas, fundos e previsões serão registrados na SUSEP e não poderão ser alienados, prometidos alienar ou de qualquer forma gravados em sua previa e expressa autorização, sendo nulas de pleno direito, as alienações realizadas ou os gravames constituídos com violação dêste artigo. (Redação dada pelo Decreto-lei n° 296, de 1967)

Parágrafo único. Quando a garantia recair em bem imóvel, será obrigatòriamente inscrita no competente Cartório do Registro Geral de Imóveis, mediante simples requerimento firmado pela Sociedade Seguradora e pela SUSEP.

Art. 86. Os segurados e beneficiários que sejam credores por indenização ajustada ou por ajustar têm privilégio especial sobre reservas técnicas, fundos especiais ou provisões garantidoras das operações de seguro, de resseguro e de retrocessão. (Redação dada pela Lei Complementar n° 126, de 2007)

Parágrafo único. Após o pagamento aos segurados e beneficiários mencionados no caput deste artigo, o privilégio citado será conferido, relativamente aos fundos especiais, reservas técnicas ou provisões garantidoras das operações de resseguro e de retrocessão, às sociedades seguradoras e, posteriormente, aos resseguradores. (Incluído pela Lei Complementar n° 126, de 2007)

Art 87. As Sociedades Seguradoras não poderão distribuir lucros ou quaisquer fundos correspondentes às reservas patrimoniais, desde que essa distribuição possa prejudicar o investimento obrigatório do capital e reserva, de conformidade com os critérios estabelecidos neste Decreto-lei.

Art. 88. As sociedades seguradoras e os resseguradores obedecerão às normas e instruções dos órgãos regulador e fiscalizador de seguros sobre operações de seguro, co-seguro, resseguro e retrocessão, bem como lhes fornecerão dados e informações atinentes a quaisquer aspectos de suas atividades. (Redação dada pela Lei Complementar n° 126, de 2007)

Parágrafo único. Os inspetores e funcionários credenciados do órgão fiscalizador de seguros terão livre acesso às sociedades seguradoras e aos resseguradores, deles podendo requisitar e apreender livros, notas técnicas e documentos, caracterizando-se como embaraço à fiscalização, sujeito às penas previstas neste Decreto-Lei, qualquer dificuldade oposta aos objetivos deste artigo. (Redação dada pela Lei Complementar n° 126, de 2007)

CAPÍTULO VIII
Do Regime Especial de Fiscalização
(Renumerado pelo Decreto-lei nº 296, de 1967)

Art 89. Em caso de insuficiência de cobertura das reservas técnicas ou de má situação econômico-financeira da Sociedade Seguradora, a critério da SUSEP, poderá esta, além de outras providências cabíveis, inclusive fiscalização especial, nomear, por tempo indeterminado, às expensas da Sociedade Seguradora, um diretor-fiscal com as atribuições e vantagens que lhe forem indicadas pelo CNSP.

§ 1º Sempre que julgar necessário ou conveniente à defesa dos interêsses dos segurados, a SUSEP verificará, nas indenizações, o fiel cumprimento do contrato, inclusive a exatidão do cálculo da reserva técnica e se as causas protelatórias do pagamento, porventura existentes, decorrem de dificuldades econômico-financeira da emprêsa. (Renumerado pelo Decreto-lei nº 1.115, de 1970)

§ 2º (Revogado pela Lei Complementar nº 126, de 2007)

Art 90. Não surtindo efeito as medidas especiais ou a intervenção, a SUSEP encaminhará ao CNSP proposta de cassação da autorização para funcionamento da Sociedade Seguradora.

Parágrafo único. Aplica-se à intervenção a que se refere este artigo o disposto nos arts. 55 a 62 da Lei nº 6.435, de 15 de julho de 1977. (Incluído pela Lei nº 10.190, de 2001)

Art 91. O descumprimento de qualquer determinação do Diretor-Fiscal por diretores, administradores, gerentes, fiscais ou funcionários da Sociedade Seguradora em regime especial de fiscalização acarretará o afastamento do infrator, sem prejuízo das sanções penais cabíveis.

Art 92. Os administradores das Sociedades Seguradoras ficarão suspensos do exercício de suas funções desde que instaurado processo-crime por atos ou fatos relativos à respectiva gestão, perdendo imediatamente seu mandato na hipótese de condenação. (Redação dada pelo Decreto-lei nº 296, de 1967)

Art 93. Cassada a autorização de uma Sociedade Seguradora para funcionar, a alienação ou gravame de qualquer de seus bens dependerá de autorização da SUSEP, que, para salvaguarda dessa inalienabilidade, terá podêres para controlar o movimento de contas bancárias e promover o levantamento do respectivo ônus junto às Autoridades ou Registros Públicos.

CAPÍTULO IX
Da Liquidação das Sociedades Seguradoras
(Renumerado pelo Decreto-lei nº 296, de 1967)

Art 94. A cessação das operações das Sociedades Seguradoras poderá ser:

a) voluntária, por deliberação dos sócios em Assembléia Geral;

b) compulsória, por ato do Ministro da Indústria e do Comércio, nos têrmos dêste Decreto-lei.

Art 95. Nos casos de cessação voluntária das operações, os Diretores requererão ao Ministro da Indústria e do Comércio o cancelamento da autorização para funcionamento da Sociedade Seguradora, no prazo de cinco dias da respectiva Assembléia Geral.

Parágrafo único. Devidamente instruído, o requerimento será encaminhado por intermédio da SUSEP, que opinará sôbre a cessação deliberada.

Art 96. Além dos casos previstos neste Decreto-lei ou em outras leis, ocorrerá a cessação compulsória das operações da Sociedade Seguradora que:

a) praticar atos nocivos à política de seguros determinada pelo CNSP;

b) não formar as reservas, fundos e provisões a que esteja obrigada ou deixar de aplicá-las pela forma prescrita neste Decreto-lei;

c) acumular obrigações vultosas devidas aos resseguradores, a juízo do órgão fiscalizador de seguros, observadas as determinações do órgão regulador de seguros; (Redação dada pela Lei Complementar nº 126, de 2007)

d) configurar a insolvência econômico-financeira.

Art 97. A liquidação voluntária ou compulsória das Sociedades Seguradoras será processada pela SUSEP. (Redação dada pelo Decreto-lei n° 296, de 1967)

Art 98. O ato da cassação será publicado no Diário Oficial da União, produzindo imediatamente os seguintes efeitos:

a) suspensão das ações e execuções judiciais, excetuadas as que tiveram início anteriormente, quando intentadas por credores com previlégio sôbre determinados bens da Sociedade Seguradora;

b) vencimento de tôdas as obrigações civis ou comerciais da Sociedade Seguradora liquidanda, incluídas as cláusulas penais dos contratos;

c) suspensão da incidência de juros, ainda que estipulados, se a massa liquidanda não bastar para o pagamento do principal;

d) cancelamento dos podêres de todos os órgãos de administração da Sociedade liquidanda.

§ 1° Durante a liquidação, fica interrompida a prescrição extintiva contra ou a favor da massa liquidanda. (Renumerado pelo Decreto-lei n° 296, de 1967)

§ 2° Quando a sociedade tiver credores por salários ou indenizações trabalhistas, também ficarão suspensas as ações e execuções a que se refere a parte final da alínea a dêste artigo. (Incluído pelo Decreto-lei n° 296, de 1967)

§ 3° Poderá ser argüida em qualquer fase processual, inclusive quanto às questões trabalhistas, a nulidade dos despachos ou decisões que contravenham o disposto na alínea a dêste artigo ou em seu parágrafo 2°. Nos processos sujeitos à suspensão, caberá à sociedade liquidanda, para realização do ativo, requerer o levantamento de penhoras, arrestos e quaisquer outras medidas de apreensão ou reserva de bens, sem prejuízo do estatuído adiante no parágrafo único do artigo 103. (Incluído pelo Decreto-lei n° 296, de 1967)

§ 4° A massa liquidanda não estará obrigada a reajustamentos salariais sobrevindos durante a liquidação, nem responderá pelo pagamento de multas, custas, honorários e demais despesas feitas pelos credores em interêsse próprio, assim como não se aplicará correção monetária aos créditos pela mora resultante de liquidação. (Incluído pelo Decreto-lei nº 296, de 1967)

Art 99. Além dos podêres gerais de administração, a SUSEP ficará investida de podêres especiais para representar a Sociedade Seguradora liquidanda ativa e passivamente, em juízo ou fora dêle, podendo:

a) propor e contestar ações, inclusive para integralização de capital pelos acionistas;
b) nomear e demitir funcionários;
c) fixar os vencimentos de funcionarios;
d) outorgar ou revogar mandatos;
e) transigir;
f) vender valôres móveis e bens imóveis.

Art 100. Dentro de 90 (noventa) dias da cassação para funcionamento, a SUSEP levantará o balanço do ativo e do passivo da Sociedade Seguradora liquidanda e organizará:

a) o arrolamento pormenorizado dos bens do ativo, com as respectivas avaliações, especificando os garantidores das reservas técnicas ou do capital;

b) a lista dos credores por dívida de indenização de sinistro, capital garantidor de reservas técnicas ou restituicão de prêmios, com a indicação das respectivas importâncias;

c) a relação dos créditos da Fazenda Pública e da Previdência Social; (Redação dada pela Lei Complementar nº 126, de 2007)

d) a relação dos demais credores, com indicação das importâncias e procedência dos créditos, bem como sua classificação, de acôrdo com a legislação de falências.

Parágrafo único. (Revogado pela Lei nº 9.932, de 1999)

Art 101. Os interessados poderão impugnar o quadro geral de credores, mas decairão dêsse direito se não o exercerem no prazo de quinze dias.

Art 102. A SUSEP examinará as impugnações e fará publicar no Diário Oficial da União, sua decisão, dela notificando os recorrentes por via postal, sob AR.

Parágrafo único. Da decisão da SUSEP caberá recurso para o Ministro da Indústria e do Comércio, no prazo de quinze dias.

Art 103. Depois da decisão relativa a seus créditos ou aos créditos contra os quais tenham reclamado, os credores não incluídos nas relações a que se refere o art. 100, os delas excluídos, os incluídos sem os privilégios a que se julguem com direito, inclusive por atribuição de importância inferior à reclamada, poderão prosseguir na ação já iniciada ou propor a que lhes competir.

Parágrafo único. Até que sejam julgadas as ações, a SUSEP reservará cota proporcional do ativo para garantia dos credores de que trata êste artigo.

Art 104. A SUSEP promoverá a realização do ativo e efetuará o pagamento dos credores pelo crédito apurado e aprovado, no prazo de seis meses, observados os respectivos privilégios e classificação, de acôrdo com a cota apurada em rateio.

Art 105. Ultimada a liquidação e levantado e balanço final, será o mesmo submetido à aprovação do Ministro da Indústria e do Comércio, com relatório da SUSEP.

Art 106. A SUSEP terá direito à comissão de cinco por cento sôbre o ativo apurado nos trabalhos de liquidação, competindo ao Superintendente arbitrar a gratificação a ser paga aos inspetores e funcionários encarregados de executá-los.

Art 107. Nos casos omissos, são aplicáveis as disposições da legislação de falências, desde que não contrariem as disposições do presente Decreto-lei.

Parágrafo único. Nos casos de cessação parcial, restrita às operações de um ramo, serão observadas as disposições dêste Capítulo, na parte aplicável.

CAPÍTULO X
Do Regime Repressivo
(Renumerado pelo Decreto-lei nº 296, de 1967)

Art. 108. A infração às normas referentes às atividades de seguro, co-seguro e capitalização sujeita, na forma definida pelo órgão regulador de seguros, a pessoa natural ou jurídica responsável às seguintes penalidades administrativas, aplicadas pelo órgão fiscalizador de seguros: (Redação dada pela Lei Complementar nº 126, de 2007)

I — advertência; (Redação dada pela Lei Complementar nº 126, de 2007)

II — suspensão do exercício das atividades ou profissão abrangidas por este Decreto-Lei pelo prazo de até 180 (cento e oitenta) dias; (Redação dada pela Lei Complementar nº 126, de 2007)

III — inabilitação, pelo prazo de 2 (dois) anos a 10 (dez) anos, para o exercício de cargo ou função no serviço público e em empresas públicas, sociedades de economia mista e respectivas subsidiárias, entidades de previdência complementar, sociedades de capitalização, instituições financeiras, sociedades seguradoras e resseguradores; (Redação dada pela Lei Complementar nº 126, de 2007)

IV — multa de R$ 10.000,00 (dez mil reais) a R$ 1.000.000,00 (um milhão de reais); e (Redação dada pela Lei Complementar nº 126, de 2007)

V — suspensão para atuação em 1 (um) ou mais ramos de seguro ou resseguro. (Redação dada pela Lei Complementar nº 126, de 2007)

VI — (Revogado pela Lei Complementar nº 126, de 2007)

VII — (Revogado pela Lei Complementar nº 126, de 2007)

VIII — (Revogado pela Lei Complementar nº 126, de 2007)

IX — (Revogado pela Lei Complementar nº 126, de 2007)

§ 1º A penalidade prevista no inciso IV do caput deste artigo será imputada ao agente responsável, respondendo solidariamente o ressegurador ou a sociedade seguradora ou de capitalização, assegurado o direito de regresso, e poderá ser aplicada cumulativamente com as penalidades constantes dos incisos I, II, III ou V do caput deste artigo. (Incluído pela Lei Complementar nº 126, de 2007)

§ 2º Das decisões do órgão fiscalizador de seguros caberá recurso, no prazo de 30 (trinta) dias, com efeito suspensivo, ao órgão competente. (Incluído pela Lei Complementar nº 126, de 2007)

§ 3º O recurso a que se refere o § 2º deste artigo, na hipótese do inciso IV do caput deste artigo, somente será conhecido se for comprovado pelo requerente o pagamento antecipado, em favor do órgão fiscalizador de seguros, de 30% (trinta por cento) do valor da multa aplicada. (Incluído pela Lei Complementar nº 126, de 2007)

§ 4º Julgada improcedente a aplicação da penalidade de multa, o órgão fiscalizador de seguros devolverá, no prazo máximo de 90 (noventa) dias a partir de requerimento da parte interessada, o valor depositado. (Incluído pela Lei Complementar nº 126, de 2007)

§ 5º Em caso de reincidência, a multa será agravada até o dobro em relação à multa anterior, conforme critérios estipulados pelo órgão regulador de seguros. (Incluído pela Lei Complementar nº 126, de 2007)

Art 109. Os Diretores, administradores, gerentes e fiscais das Sociedades Seguradoras responderão solidàriamente com a mesma pelos prejuízos causados a terceiros, inclusive aos seus acionistas, em conseqüência do descumprimento de leis, normas e instruções referentes as operações de seguro, cosseguro, resseguro ou retrosseção, e em especial, pela falta de constituição das reservas obrigatórias.

Art 110. Constitui crime contra a economia popular, punível de acôrdo com a legislação respectiva, a ação ou omissão, pessoal ou coletiva, de que decorra a insuficiência das reservas e de sua cobertura, vinculadas à garantia das obrigações das Sociedades Seguradoras.

Art. 111. Compete ao órgão fiscalizador de seguros expedir normas sobre relatórios e pareceres de prestadores de serviços de auditoria independente aos resseguradores, às sociedades seguradoras, às sociedades de capitalização e às entidades abertas de previdência complementar. (Redação dada pela Lei Complementar nº 126, de 2007)

a) (Revogada pela Lei Complementar nº 126, de 2007)
b) (Revogada pela Lei Complementar nº 126, de 2007)
c) (Revogada pela Lei Complementar nº 126, de 2007)
d) (Revogada pela Lei Complementar nº 126, de 2007)
e) (Revogada pela Lei Complementar nº 126, de 2007)
f) (Revogada pela Lei nº 9.932, de 20 de dezembro de 1999)
g) (Revogada pela Lei Complementar nº 126, de 2007)
h) (Revogada pela Lei Complementar nº 126, de 2007)
i) (Revogada pela Lei Complementar nº 126, de 2007)

§ 1º Os prestadores de serviços de auditoria independente aos resseguradores, às sociedades seguradoras, às sociedades de capitalização e às entidades abertas de previdência complementar responderão, civilmente, pelos prejuízos que causarem a terceiros em virtude de culpa ou dolo no exercício das funções previstas neste artigo. (Incluído pela Lei Complementar nº 126, de 2007)

§ 2º Sem prejuízo do disposto no caput deste artigo, os prestadores de serviços de auditoria independente responderão administrativamente perante o órgão fiscalizador de seguros pelos atos praticados ou omissões em que houverem incorrido no desempenho das atividades de auditoria independente aos resseguradores, às sociedades seguradoras, às sociedades de capitalização e às entidades abertas de previdência complementar. (Incluído pela Lei Complementar nº 126, de 2007)

§ 3º Instaurado processo administrativo contra resseguradores, sociedades seguradoras, sociedades de capitalização e entidades abertas de previdência complementar, o órgão fiscalizador poderá, considerada a gravidade da infração, cautelarmente, determinar a essas empresas a substituição do prestador de serviços de auditoria independente. (Incluído pela Lei Complementar nº 126, de 2007)

§ 4º Apurada a existência de irregularidade cometida pelo prestador de serviços de auditoria independente mencionado no caput deste artigo, serão a ele aplicadas as penalidades previstas no art. 108 deste Decreto-Lei. (Incluído pela Lei Complementar nº 126, de 2007)

§ 5º Quando as entidades auditadas relacionadas no caput deste artigo forem reguladas ou fiscalizadas pela Comissão de Valores Mobiliários ou pelos demais órgãos reguladores e fiscalizadores, o disposto neste artigo não afastará a competência desses órgãos para disciplinar e fiscalizar a atuação dos respectivos prestadores de serviço de auditoria independente e para aplicar, inclusive a esses auditores, as penalidades previstas na legislação própria. (Incluído pela Lei Complementar nº 126, de 2007)

Art. 112. Às pessoas que deixarem de contratar os seguros legalmente obrigatórios, sem prejuízo de outras sanções legais, será aplicada multa de: (Redação dada pela Lei Complementar nº 126, de 2007)

I — o dobro do valor do prêmio, quando este for definido na legislação aplicável; e (Incluído pela Lei Complementar nº 126, de 2007)

II — nos demais casos, o que for maior entre 10% (dez por cento) da importância segurável ou R$ 1.000,00 (mil reais). (Incluído pela Lei Complementar nº 126, de 2007)

Art 113. As pessoas físicas ou jurídicas que realizarem operações de seguro, cosseguro ou resseguro sem a devida autorização, no País ou no exterior, ficam sujeitas à pena de multa igual ao valor da importância segurada ou ressegurada.

Art 114. (Revogado pela Lei Complementar nº 126, de 2007)

Art 115. A suspensão de autorização para operar em determinado ramo de seguro será aplicada quando verificada má condução técnica ou financeira dos respectivos negócios.

Art 116. (Revogado pela Lei Complementar nº 126, de 2007)

Art 117. A cassação da carta patente se fará nas hipóteses de infringência dos artigos 81 e 82, nos casos previstos no artigo 96 ou de reincidência na proibição estabelecida nas letras "c" e "i" do artigo 111, todos do presente Decreto-lei.

Art 118. As infrações serão apuradas mediante processo administrativo que tenha por base o auto, a representação ou a denúncia positivando fatos irregulares, e o CNSP disporá sôbre as respectivas instaurações, recursos e seus efeitos, instâncias, prazos, perempção e outros atos processualísticos.

Art 119. As multas aplicadas de conformidade com o disposto neste Capítulo e seguinte serão recolhidas aos cofres da SUSEP.

Art 120. Os valores monetários das penalidades previstas nos artigos precedentes ficam sujeitos à correção monetária pelo CNSP.

Art 121. Provada qualquer infração penal a SUSEP remeterá cópia do processo ao Ministério Público para fins de direito.

CAPÍTULO XI
Dos Corretores de Seguros
(Renumerado pelo Decreto-lei nº 296, de 1967)

Art 122. O corretor de seguros, pessoa física ou jurídica, é o intermediário legalmente autorizado a angariar e promover contratos de seguro entre as Sociedades Seguradoras e as pessoas físicas ou jurídicas de Direito Privado.

Art 123. O exercício da profissão, de corretor de seguros depende de prévia habilitação e registro.

§ 1º A habilitação será feita perante a SUSEP, mediante prova de capacidade técnico-profissional, na forma das instruções baixadas pelo CNSP.

§ 2º O corretor de seguros poderá ter prepostos de sua livre escolha e designará, dentre êles, o que o substituirá.

§ 3º Os corretores e prepostos serão registrados na SUSEP, com obediência aos requisitos estabelecidos pelo CNSP.

Art 124. As comissões de corretagem só poderão ser pagas a corretor de seguros devidamente habilitado.

Art 125. É vedado aos corretores e seus prepostos:

a) aceitar ou exercer emprêgo de pessoa jurídica de Direito Público;

b) manter relação de emprêgo ou de direção com Sociedade Seguradora.

Parágrafo único. Os impedimentos dêste artigo aplicam-se também aos Sócios e Diretores de Emprêsas de corretagem.

Art 126. O corretor de seguros responderá civilmente perante os segurados e as Sociedades Seguradoras pelos prejuízos que causar, por omissão, imperícia ou negligência no exercício da profissão.

Art 127. Caberá responsabilidade profissional, perante a SUSEP, ao corretor que deixar de cumprir as leis, regulamentos e resoluções em vigor, ou que der causa dolosa ou culposa a prejuízos às Sociedades Seguradoras ou aos segurados.

Art 128. O corretor de seguros estará sujeito às penalidades seguintes:
a) multa;
b) suspensão temporária do exercício da profissão;
c) cancelamento do registro.

Parágrafo único. As penalidades serão aplicadas pela SUSEP, em processo regular, na forma prevista no art. 119 desta Lei. (Redação dada pelo Decreto-lei n° 296, de 1967)

CAPÍTULO XII
Disposições Gerais e Transitórias
(Renumerado pelo Decreto-lei n° 296, de 1967)

SEÇÃO I
Do Seguro-Saúde

Art 129. Fica instituído o Seguro-Saúde para dar cobertura aos riscos de assistência médica e hospitalar.

Art 130. A garantia do Seguro-Saúde consistirá no pagamento em dinheiro, efetuado pela Sociedade Seguradora, à pessoa física ou jurídica prestante da assistência médico-hospitalar ao segurado.

§ 1° A cobertura do Seguro-Saúde ficará sujeita ao regime de franquia, de acôrdo com os critérios fixados pelo CNSP.

§ 2° A livre escolha do médico e do hospital é condição obrigatória nos contratos referidos no artigo anterior.

Art 131. Para os efeitos do artigo 130 dêste Decreto-lei, o CNSP estabelecerá tabelas de honorários médico-hospitalares e fixará percentuais de participação obrigatória dos segurados nos sinistros.

§ 1º Na elaboração das tabelas, o CNSP observará a média regional dos honorários e a renda média dos pacientes, incluindo a possibilidade da ampliação voluntária da cobertura pelo acréscimo do prêmio.

§ 2º Na fixação das percentagens de participação, o CNSP levará em conta os índices salariais dos segurados e seus encargos familiares.

Art 132. O pagamento das despesas cobertas pelo Seguro-Saúde dependerá de apresentação da documentação médico hospitalar que possibilite a identificação do sinistro. (Redação dada pelo Decreto-lei nº 296, de 1967)

Art 133. É vedado às Sociedades Seguradoras acumular assistência financeira com assistência médico-hospitalar.

Art 134. As sociedades civis ou comerciais que, na data dêste Decreto-lei, tenham vendido títulos, contratos, garantias de saúde, segurança de saúde, benefícios de saúde, títulos de saúde ou seguros sob qualquer outra denominação, para atendimento médico, farmacêutico e hospitalar, integral ou parcial, ficam proibidas de efetuar novas transações do mesmo gênero, ressalvado o disposto no art. 135, parágrafo 1º. (Redação dada pelo Decreto-lei nº 296, de 1967)

§ 1º As Sociedades civis e comerciais que se enquadrem no disposto neste artigo poderão continuar prestando os serviços nêle referidos exclusivamente às pessoas físicas ou jurídicas com as quais os tenham ajustado ante da promulgação dêste Decreto-lei, facultada opção bilateral pelo regime do Seguro-Saúde.

§ 2º No caso da opção prevista no parágrafo anterior, as pessoas jurídicas prestantes da assistência médica, farmacêutica e hospitalar, ora regulada, ficarão responsáveis pela contribuição do Seguro-Saúde devida pelas pessoas físicas optantes.

§ 3º Ficam excluídas das obrigações previstas neste artigo as Sociedades Beneficentes que estiverem em funcionamento na data da promulgação dêsse Decreto-lei, as quais poderão preferir o regime do Seguro-Saúde a qualquer tempo.

Art 135. As entidades organizadas sem objetivo de lucro, por profissionais médicos e paramédicos ou por estabelecimentos hospitalares, visando a institucionalizar suas atividades para a prática da medicina social e para a melhoria das condições técnicas e econômicas dos serviços assistenciais, isoladamente ou em regime de associação, poderão operar sistemas próprios de pré-pagamento de serviços médicos e/ou hospitalares, sujeitas ao que dispuser a Regulamentação desta Lei, às resoluções do CNSP e à fiscalização dos órgãos competentes.

SEÇÃO II

Art. 136. Fica extinto o Departamento Nacional de Seguros Privados e Capitalização (DNSPC), da Secretaria do Comércio, do Ministério da Indústria e do Comércio, cujo acervo e documentação passarão para a Superintendência de Seguros Privados (SUSEP). (Redação dada pelo Decreto-lei nº 168, de 1967)

§ 1º Até que entre em funcionamento a SUSEP, as atribuições a ela conferidas pelo presente Decreto-lei continuarão a ser desempenhadas pelo DNSPC. (Redação dada pelo Decreto-lei nº 168, de 1967)

§ 2º Fica extinto, no Quadro de Pessoal do Ministério da Indústria e do Comércio, o cargo em comissão de Diretor-Geral do Departamento Nacional de Seguros Privados e Capitalização, símbolo 2-C. (Redação dada pelo Decreto-lei nº 168, de 1967)

§ 3º Serão considerados extintos, no Quadro de Pessoal do Ministério da Indústria e do Comércio, a partir da criação dos cargos correspondentes nos quadros da SUSEP, os 8 (oito) cargos em comissão do Delegado Regional de Seguros, símbolo 5-C. (Redação dada pelo Decreto-lei nº 168, de 1967)

Art. 137. Os funcionários atualmente em exercício do DNSPC continuarão a integrar o Quadro de Pessoal do Ministério da Indústria e do Comércio. (Redação dada pelo Decreto-lei nº 168, de 1967)

Art. 138. Poderá a SUSEP requisitar servidores da administração pública federal, centralizada e descentralizada, sem prejuízo dos vencimentos e vantagens relativos aos cargos que ocuparem. (Redação dada pelo Decreto-lei n° 168, de 1967)

Art. 139. Os servidores requisitados antes da aprovação, pelo CNSP, do Quadro de Pessoal da SUSEP, poderão nêle ser aproveitados, desde que consultados os interêsses da Autarquia e dos Servidores. (Redação dada pelo Decreto-lei n° 168, de 1967)

Parágrafo único. O aproveitamento de que trata êste artigo implica na aceitação do regime de pessoal da SUSEP devendo ser contado o tempo de serviço, no órgão de origem, para todos os efeitos legais. (Redação dada pelo Decreto-lei n° 168, de 1967)

Art 140. As dotações consignadas no Orçamento da União, para o exercício de 1967, à conta do DNSPC, serão transferidas para a SUSEP excluídas as relativas às despesas decorrentes de vencimentos e vantagens de Pessoal Permanente.

Art 141. Fica dissolvida a Companhia Nacional de Seguro Agrícola, competindo ao Ministério da Agricultura promover sua liquidação e aproveitamento de seu pessoal.

Art 142. Ficam incorporadas ao Fundo de Estabilidade do Seguro Rural:

a) Fundo de Estabilidade do seguro Agrário, a que se refere o artigo 3° da Lei 2.168, de 11 de janeiro de 1954; (Redação dada pelo Decreto-lei n° 296, de 1967)

b) O Fundo de Estabilização previsto no artigo 3° da Lei n° 4.430, de 20 de outubro de 1964.

Art 143. Os órgãos do Poder Público que operam em seguros privados enquadrarão suas atividades ao regime dêste Decreto-Lei no prazo de cento e oitenta dias, ficando autorizados a constituir a necessária Sociedade Anônima ou Cooperativa.

§ 1° As Associações de Classe, de Beneficência e de Socorros mútuos e os Montepios que instituem pensões ou pecúlios, atualmente em funcionamento, ficam excluídos do regime estabelecido neste Decreto-Lei, facultado ao CNSP mandar fiscalizá-los se e quando julgar conveniente.

§ 2º As Sociedades Seguradoras estrangeiras que operam no país adaptarão suas organizações às novas exigências legais, no prazo dêste artigo e nas condições determinadas pelo CNSP. (Redação dada pelo Decreto-lei nº 296, de 1967)

Art 144. O CNSP proporá ao Poder Executivo, no prazo de cento e oitenta dias, as normas de regulamentação dos seguros obrigatórios previstos no artigo 20 dêste Decreto-Lei. (Redação dada pelo Decreto-lei nº 296, de 1967)

Art 145. Até a instalação do CNSP e da SUSEP, será mantida a jurisdição e a competência do DNSPC, conservadas em vigor as disposições legais e regulamentares, inclusive as baixadas pelo IRB, no que fôrem cabíveis.

Art 146. O Poder Executivo fica autorizado a abrir o crédito especial de Cr$ 500.000.000 (quinhentos milhões de cruzeiros), no exercício de 1967, destinado à instalação do CNSP e da SUSEP.

Art 147. (Revogado pelo Decreto-lei nº 261, de 1967)

Art 148. As resoluções do Conselho Nacional de Seguros Privados vigorarão imediatamente e serão publicadas no Diário Oficial da União.

Art. 149. O Poder Executivo regulamentará êste Decreto-lei no prazo de 120 (cento e vinte) dias, vigendo idêntico prazo para a aprovação dos Estatutos do IRB. (Redação dada pelo Decreto-lei nº 168, de 1967)

Art 150. (Revogado pelo Decreto-lei nº 261, de 1967)

Art 151. Para efeito do artigo precedente ficam suprimidos os cargos e funções de Delegado do Govêrno Federal e de liquidante designado pela sociedade, a que se referem os artigos 24 e 25 do Decreto nº 22.456, de 10 de fevereiro de 1933, ressalvadas as liquidações decretadas até dezembro de 1965.

Art 152. O risco de acidente de trabalho continua a ser regido pela legislação específica, devendo ser objeto de nova legislação dentro de 90 dias.

Art 153. Êste Decreto-Lei entrará em vigor na data de sua publicação, ficando revogadas expressamente tôdas as disposições de leis, decretos e regulamentos que dispuserem em sentido contrário.

Brasília, 21 de novembro de 1966; 145º da Independência e 78º da República.

ANEXO 2

RESOLUÇÃO SUSEP N° 168, DE 17 DE DEZEMBRO DE 2007
DOU 19.12.2007

Dispõe sobre a atividade de resseguro, retrocessão e sua intermediação e dá outras providências.

A SUPERINTENDÊNCIA DE SEGUROS PRIVADOS — SUSEP, no uso da atribuição que lhe confere o art. 34, inciso XI do Decreto n° 60.459, de 13 de março de 1967, e considerando o que consta do Processo CNSP n° 3, de 3,de dezembro de 2007, na origem, e Processo SUSEP n° 15414.002699/2007-32, torna público que o CONSELHO NACIONAL DE SEGUROS PRIVADOS — CNSP, em sessão ordinária realizada em 17 de dezembro de 2007, com fundamento nos incisos II, VI e VII do artigo 32, do Decreto-Lei n° 73, de 21 de novembro de 1966, e nas disposições da Lei Complementar n° 126, de 15 de janeiro de 2007, resolveu:

CAPÍTULO I

INTRODUÇÃO

Art. 1° Todas as operações de resseguro, retrocessão e a intermediação dessas operações ficam subordinadas às disposições da presente Resolução.

CAPÍTULO II

DAS DEFINIÇÕES

Art. 2º Para fins de aplicação da presente Resolução consideram-se:

I — cedente: a sociedade seguradora que contrata operação de resseguro ou o ressegurador que contrata operação de retrocessão;

II — contrato automático: a operação de resseguro através da qual a cedente acorda com ressegurador ou resseguradores a cessão de uma carteira de riscos previamente definidos entre as partes e compreendendo mais de uma apólice ou plano de benefícios, subscritos ao longo de um período pré-determinado em contrato;

III — contrato facultativo: operação de resseguro através da qual o ressegurador ou resseguradores dão cobertura a riscos referentes a uma única apólice ou plano de benefícios ou grupo de apólices ou planos de benefícios já definidos quando da contratação entre as partes;

IV — corretora de resseguro: pessoa jurídica autorizada a intermediar a contratação de resseguros e retrocessão, que disponha de contrato de seguro de responsabilidade civil profissional, e que tenha como responsável técnico o corretor de seguros especializado e devidamente habilitado, na forma definida pelo Conselho Nacional de Seguros Privados — CNSP;

V — ressegurador local: ressegurador sediado no País, constituído sob a forma de sociedade anônima, que tenha por objeto exclusivo a realização de operações de resseguro e retrocessão;

VI — ressegurador admitido: ressegurador sediado no exterior, com escritório de representação no País, que, atendendo às exigências previstas na Lei Complementar nº 126/07 e nas normas aplicáveis à atividade de resseguro e retrocessão, tenha sido cadastrado como tal na Superintendência de Seguros Privados — SUSEP, para realizar operações de resseguro e retrocessão;

VII — ressegurador eventual: empresa resseguradora estrangeira sediada no exterior, sem escritório de representação no País, que, atendendo às exigências previstas na Lei Complementar nº 126/07 e nas normas aplicáveis à atividade de resseguro e retrocessão, tenha sido cadastrada como tal na SUSEP, para realizar operações de resseguro e retrocessão;

VIII — resseguro: operação de transferência de riscos de uma cedente, com vistas a sua própria proteção, para um ou mais resseguradores, através de contratos automáticos ou facultativos, ressalvado o disposto no inciso IX deste artigo; e

IX — retrocessão: operação de transferência de riscos de resseguro de resseguradores, com vistas a sua própria proteção, para resseguradores ou para sociedades seguradoras locais, através de contratos automáticos ou facultativos.

§ 1º Equipara-se à sociedade seguradora a sociedade cooperativa autorizada a operar em seguros privados que contrata operação de resseguro, desde que a esta sejam aplicadas as condições impostas às seguradoras pelo CNSP.

§ 2º Para os fins e efeitos previstos nesta Resolução, a retrocessão se enquadra, no que couber, nas operações de resseguro.

CAPÍTULO III

DAS CONDIÇÕES DE ACESSO E EXERCÍCIO

Seção I

Do Ressegurador Local

Art. 3º O ressegurador local fica sujeito, no que couber, às disposições do Decreto-Lei nº 73, de 21 de novembro de 1966, e as demais leis, regulamentos e atos normativos aplicáveis às sociedades seguradoras.

Parágrafo único. Aplicam-se integralmente ao ressegurador local as disposições do CNSP sobre os requisitos e procedimentos para constituição, autorização para funcionamento, transferência de controle societário, reorganização societária e cancelamento de autorização para funcionamento, e sobre a eleição ou nomeação de membros de órgãos estatutários das sociedades supervisionadas pela SUSEP.

Art. 4º O ressegurador local não poderá explorar qualquer outro ramo de atividade empresarial, nem subscrever seguros diretos.

Art. 5º O capital mínimo requerido para autorização e funcionamento do ressegurador local será estabelecido em regulamentação específica.

Art. 6º A aplicação dos recursos das provisões técnicas e dos fundos dos resseguradores locais será efetuada de acordo com as diretrizes do Conselho Monetário Nacional — CMN e observará os critérios, definidos pelo CNSP, para a realização de investimentos pelas sociedades supervisionadas pela SUSEP.

Seção II

Do Ressegurador Admitido

Art. 7º As operações de resseguro e retrocessão poderão ser realizadas com resseguradores admitidos que tenham sido devidamente cadastrados na SUSEP.

Art. 8º Para fins de cadastramento a que se refere o artigo anterior, o ressegurador admitido deverá atender aos seguintes requisitos mínimos:

I — documento comprobatório do órgão supervisor de seguros ou resseguros do País de origem, com a informação de que:

a) o ressegurador esteja constituído segundo as leis de seu País de origem, para subscrever resseguros locais e internacionais, nos ramos em que pretenda operar no Brasil e que tenha dado início a tais operações no País de origem, há mais de 5 (cinco) anos; e

b) o ressegurador se encontre em situação regular, quanto a sua solvência, perante o órgão supervisor.

II — patrimônio líquido não inferior a US$ 100.000.000,00 (cem milhões de dólares dos Estados Unidos), ou equivalente em outra moeda estrangeira de livre conversibilidade, atestado por auditor externo.

III — classificação de solvência, emitida por agência classificadora de risco, com os seguintes níveis mínimos:

Agência Classificadora de Risco	Nível Mínimo Exigido
Standard & Poors	BBB
Fitch	BBB
Moody's	Baa3
AM Best	B+

IV — procuração, designando procurador, pessoa física, domiciliado no Brasil, com amplos poderes administrativos e judiciais, inclusive para receber citações, para quem serão enviadas todas as notificações;

V — comprovante de que a legislação vigente no seu País de origem permita a movimentação de moedas de livre conversibilidade, para cumprimento de compromissos de resseguro no exterior;

VI — para garantia de suas operações no País, possua conta em moeda estrangeira no Brasil, vinculada à SUSEP, em banco autorizado a operar em câmbio no País, com saldo mínimo constituído em espécie, facultada a aplicação em ativos financeiros, observadas as diretrizes fixadas pelo CMN, sem prejuízo do disposto no artigo 24, de:

a) US$ 5.000.000,00 (cinco milhões de dólares dos Estados Unidos), ou equivalente em outra moeda estrangeira de livre conversibilidade, para resseguradores atuantes em todos os ramos; e

b) US$ 1.000.000,00 (um milhão de dólares dos Estados Unidos), ou equivalente em outra moeda estrangeira de livre conversibilidade, para resseguradores atuantes somente no ramo de pessoas;

VII — balanço e demonstração de resultado do último exercício, com os respectivos relatórios dos auditores independentes;

VIII — estabelecer escritório de representação no País, na forma prevista no Capítulo VII e na legislação em vigor.

§ 1º Qualquer alteração das informações de que tratam os incisos I a V deste artigo deverá ser imediatamente comunicada à SUSEP.

§ 2º As informações previstas nos incisos I, III e VII deste artigo deverão ser anualmente atualizadas.

§ 3º A SUSEP poderá, a qualquer tempo, excluir agência classificadora de risco, prevista no inciso III.

§ 4º A SUSEP poderá suspender ou cancelar o cadastro do ressegurador admitido que deixar de atender a qualquer um dos requisitos previstos neste artigo.

Art. 9º O Lloyds poderá ser cadastrado como ressegurador admitido, mediante requerimento dirigido à SUSEP, firmado por seu representante legal, observados os requisitos definidos para resseguradores desta natureza, devendo apresentar adicionalmente a relação dos sindicatos e membros autorizados a realizar operações no País, atualizando-a anualmente, assumindo o Lloyd's a responsabilidade de alocar os recursos de seus membros mantidos fiduciariamente no Lloyd's e gerenciar o Fundo Central com a finalidade de assegurar a solvência de seus membros.

§ 1º Para fins de cadastramento como ressegurador admitido nos termos da presente Resolução, os membros do Lloyd's serão considerados uma só entidade.

§ 2º O Fundo Central mantido pelo Lloyds poderá ser aceito como o patrimônio exigido pelo inciso II do art. 8º desta Resolução para fins de cadastro e manutenção.

Seção III

Do Ressegurador Eventual

Art. 10. As operações de resseguro e retrocessão poderão ser realizadas com resseguradores eventuais que tenham sido devidamente cadastrados na SUSEP.

Art. 11. Para fins de cadastramento a que se refere o artigo anterior, a empresa resseguradora estrangeira sediada no exterior, deverá atender aos seguintes requisitos mínimos:

I — documento comprobatório do órgão supervisor de seguros ou resseguros do País de origem, com a informação de que:

a) o ressegurador esteja constituído segundo as leis de seu País de origem, para subscrever resseguros locais e internacionais, nos ramos em que pretenda operar no Brasil e que tenha dado início a tais operações no País de origem, há mais de 5 (cinco) anos;

b) o ressegurador se encontre em situação regular, quanto a sua solvência, perante o órgão supervisor.

II — patrimônio líquido não inferior a US$ 150.000.000,00 (cento e cinqüenta milhões de dólares dos Estados Unidos), ou equivalente em outra moeda estrangeira de livre conversibilidade, atestado por auditor externo;

'III — classificação de solvência, emitida por agência classificadora de risco, com os seguintes níveis mínimos:

Agência Classificadora de Risco	Nível Mínimo Exigido
Standard & Poors	BBB
Fitch	BBB
Moody's	Baa2
AM Best	B++

IV — procuração, designando procurador, pessoa física, domiciliado no Brasil, com amplos poderes administrativos e judiciais, inclusive para receber citações, para quem serão enviadas todas as notificações; e

V — comprovante de que a legislação vigente no seu país de origem permita a movimentação de moedas de livre conversibilidade, para cumprimento de compromissos de resseguro no exterior.

§ 1º É vedado o cadastro a que se refere o caput deste artigo de empresas estrangeiras sediadas em paraísos fiscais, assim considerados países ou dependências que não tributam a renda ou que a tributam à alíquota inferior a 20% (vinte por cento) ou, ainda, cuja legislação interna oponha sigilo relativo à composição societária de pessoas jurídicas ou à sua titularidade.

§ 2º Qualquer alteração das informações de que tratam os incisos I a V deste artigo deverá ser imediatamente comunicada à SUSEP.

§ 3º As informações previstas nos incisos I e III deste artigo deverão ser anualmente atualizadas.

§ 4º A SUSEP poderá, a qualquer tempo, excluir agência classificadora de risco, prevista no inciso III.

§ 5º Excepcionalmente, mediante consulta, a SUSEP poderá autorizar sociedade seguradora ou ressegurador local a atuar como procurador do ressegurador eventual, nos termos do inciso IV deste artigo.

Art. 12. A SUSEP poderá suspender ou cancelar o cadastro do ressegurador eventual que deixar de atender a qualquer um dos requisitos previstos no artigo 11 desta Resolução.

CAPÍTULO IV

DAS CONDIÇÕES PARA CONTRATAÇÃO DE RESSEGURO

Art. 13. A contratação de resseguro e retrocessão no País ou no exterior será feita mediante negociação direta entre a cedente e o ressegurador ou através da corretora de resseguros.

Art. 14. A cedente pode efetuar a colocação dos seus excedentes em resseguradores de sua livre escolha, observadas as exigências legais e regulamentares.

§ 1º Quando a cedente, o ressegurador ou o retrocessionário pertencerem ao mesmo conglomerado financeiro ou forem empresas ligadas, as operações de resseguro ou retrocessão deverão ser informadas à SUSEP, na forma por ela regulamentada.

§ 2º Para fins de aplicação do disposto no § 1º deste artigo, consideram-se empresas ligadas, ou pertencentes ao mesmo conglomerado financeiro, aquelas assim definidas pelas normas do CNSP, que dispõem sobre os critérios para a realização de investimentos pelas sociedades supervisionadas pela SUSEP.

§ 3º A cedente deverá informar à SUSEP, na forma a ser regulamentada, sempre que concentrar, com um único ressegurador admitido ou eventual, suas operações de resseguro ou retrocessão, em percentual superior ao disposto na tabela a seguir:

Nível de classificação de risco do ressegurador conforme a agência:			Prêmios Cedidos como Percentual do Patrimônio Líquido Ajustado	Sinistros a Recuperar como Percentual do Patrimônio Líquido Ajustado
Standard & Poors ou Fitch	Moody's	AM Best		
AAA	Aaa	A++	25%	50%
AA+, AA, AA-	Aa1, Aa2, Aa3	A+	20%	40%
A+, A, A-	A1, A2, A3	A, A-	15%	30%
BBB+, BBB, BBB-	Baa1, Baa2, Baa3	B++, B+	10%	20%

Art. 15. A sociedade seguradora deverá assegurar a ressegurador ou resseguradores locais a oferta preferencial de cada cessão de resseguro, no montante mínimo de 60% (sessenta por cento) dos prêmios cedidos, até o dia 16 de janeiro de 2010, e de 40% (quarenta por cento), após o dia 16 de janeiro de 2010.

§ 1º Para fins de cumprimento do limite referido no caput deste artigo, a sociedade seguradora deve dirigir consulta formal a um ou mais resseguradores locais de sua livre escolha.

§ 2º Os resseguradores locais terão o prazo de cinco dias úteis, para o caso dos contratos facultativos, ou de dez dias úteis para os contratos automáticos, para formalizar a aceitação total ou parcial da oferta de que trata o caput deste artigo, após o que o silêncio será considerado como recusa.

§ 3º A consulta a que se refere o parágrafo primeiro deste artigo deve conter os termos, condições e informações necessárias para a análise do risco, garantido o tratamento equânime a todos os resseguradores locais consultados.

§ 4º A sociedade seguradora poderá incluir na consulta cotações de resseguradores admitidos ou eventuais, os quais estejam comprometidos a aceitar, isoladamente ou em conjunto, as mesmas condições ofertadas, com a indicação dos respectivos percentuais de aceitação, cuja soma não poderá ser inferior a 60% (sessenta por cento) da cessão de resseguro.

§ 5º No caso de recusa, total ou parcial, a sociedade seguradora deverá oferecer o excedente a outros resseguradores locais, de modo a satisfazer o disposto no caput deste artigo.

§ 6º Considera-se atendida a exigência no caput deste artigo, quando:

I — o montante mínimo de oferta preferencial referido no caput deste artigo tiver sido aceito por resseguradores locais; ou

II — consultados todos os resseguradores locais, esses, em seu conjunto, tenham recusado total ou parcialmente o montante mínimo de oferta preferencial referido no caput deste artigo; ou

III — houver aceitação, por resseguradores admitidos e/ou eventuais, em condições mais favoráveis de preço, desde que as mesmas condições e preços tenham sido submetidos aos resseguradores locais consultados na forma dos incisos anteriores.

§ 7º As sociedades seguradoras deverão manter arquivados, para cada cessão ou aceitação, conforme o caso, todos os documentos referentes à comprovação das exigências deste artigo pelo prazo de cinco anos, contado do encerramento do período determinado para a oferta preferencial.

Art. 16. As sociedades seguradoras e os resseguradores locais não poderão ceder, respectivamente, em resseguro e retrocessão, mais de cinqüenta por cento dos prêmios emitidos relativos aos riscos que houver subscrito, considerando-se a globalidade de suas operações, em cada ano civil.

§ 1º Para efeito do disposto no caput deste artigo não serão consideradas as cessões pertinentes aos seguintes ramos:
I — seguro garantia;
II — seguro de crédito à exportação;
III — seguro rural; e,
IV — seguro de crédito interno.
§ 2º A SUSEP poderá autorizar cessões em percentual superior ao previsto no caput deste artigo, desde que por motivo tecnicamente justificável.
§ 3º A SUSEP fica autorizada a expedir normas complementares dispondo sobre outros ramos ou modalidades de seguro para os quais não se aplique o limite fixado no caput deste artigo.
Art. 17. As operações de resseguro relativas a seguro de vida por sobrevivência e previdência complementar são exclusivas de resseguradores locais.
Parágrafo único. As coberturas de riscos dos seguros de pessoas, existentes ou comercializadas em conjunto com planos de seguros de vida por sobrevivência ou planos de previdência, não estão sujeitas à restrição prevista no caput deste artigo.
Art. 18. A cedente deverá, sempre que lhe for solicitado e dentro do prazo fixado, apresentar à SUSEP os documentos que comprovem as operações de resseguro realizadas, bem como fornecer as informações requeridas.

CAPÍTULO V

DO RESSEGURO EM MOEDA ESTRANGEIRA

Art. 19. O resseguro e a retrocessão poderão ser contratados em moeda estrangeira no País quando se verificar uma das seguintes situações:
I — o seguro tenha sido contratado em moeda estrangeira no País;
II — haja aceitação de resseguro ou retrocessão de riscos do exterior; ou

III — haja participação majoritária de resseguradores estrangeiros, exclusivamente nos casos de resseguros não proporcionais.

Art. 20. Deverão ser observadas as regras complementares do Conselho Monetário Nacional CMN no que diz respeito a este Capítulo.

CAPÍTULO VI

DAS GARANTIAS E PROVISÕES

Art. 21. As sociedades seguradoras e os resseguradores locais constituirão provisões de prêmio para a cobertura dos sinistros a ocorrer, ao longo dos prazos a decorrer, referente aos riscos vigentes na data base de cálculo.

§ 1º O valor das provisões de prêmio relativo às responsabilidades assumidas pelos resseguradores admitidos, ponderado pelo fator referente ao nível de classificação de risco do ressegurador conforme tabela a seguir, deverá estar permanentemente coberto, pelos recursos exigidos no País como garantia na forma do inciso VI do art. 8º desta Resolução.

Nível de classificação de risco do ressegurador conforme a agência:			Fator de Ponderação (Percentual a ser multiplicado pelo valor da provisão)
Standard & Poors ou Fitch	Moody's	AM Best	
A- ou superior	A3 ou superior	A- ou superior	0%
BBB+	Baa1	B++	10%
BBB	Baa2	—	20%
BBB-	Baa3	B+	30%

Art. 22. A liquidação dos saldos relativos aos contratos de resseguro celebrados com resseguradores admitidos ou eventuais será realizada no máximo semestralmente, sem prejuízo do que dispuser cláusula de adiantamento de sinistro nos citados contratos.

Art. 23. O valor das provisões de sinistros ou benefícios referentes aos resseguros cedidos pelas sociedades seguradoras e resseguradores locais aos resseguradores admitidos, ponderado pelo fator referente ao nível de classificação de risco do ressegurador conforme tabela a seguir, deverá estar permanentemente garantido, pelos recursos exigidos no País como garantia na forma do inciso VI do art. 8º desta Resolução.

Nível de classificação de risco do ressegurador conforme a agência:			Fator de Ponderação (Percentual a ser multiplicado pelo valor da provisão)
Standard & Poors ou Fitch	Moody's	AM Best	
A- ou superior	A3 ou superior	A- ou superior	0%
BBB+	Baa1	B++	10%
BBB	Baa2	—	20%
BBB-	Baa3	B+	30%

§ 1º As cedentes terão o prazo de até 180 (cento e oitenta) dias, a contar da data do registro do sinistro, para comprovação das garantias de que trata este artigo, a qual deverá ficar arquivada para eventual solicitação ou fiscalização da SUSEP.

§ 2º Decorrido o prazo de que trata o § 1º deste artigo, as cedentes constituirão e cobrirão o valor de que trata o caput, até a comprovação do atendimento deste artigo.

Art. 24. O ressegurador admitido deverá aportar recursos à conta de que trata o inciso VI do art. 8º desta Resolução, sempre que as provisões de prêmio e sinistro, devidamente ponderadas pelos fatores previstos nos artigos 21 e 23 desta Resolução, correspondentes às responsabilidades que houver assumido junto as sociedades seguradoras e resseguradoras locais, ultrapassarem o valor estipulado no referido inciso.

Art. 25. A SUSEP regulamentará as demonstrações a serem apresentadas pelos resseguradores admitidos, pertinentes às operações realizadas no País.

Art. 26. As disposições previstas nos arts. 21 e 23 desta Resolução não se aplicam às operações de resseguro estruturadas no regime financeiro de capitalização, nas quais as provisões relativas às responsabilidades assumidas pelos resseguradores admitidos e eventuais serão retidas pelas sociedades seguradoras e resseguradoras locais.

Parágrafo único. Nas operações a que se refere o caput deste artigo, caberá às sociedades seguradoras a constituição e a aplicação das provisões, em conformidade com as normas expedidas pelo CNSP e o CMN.

CAPÍTULO VII

DO ESCRITÓRIO DE REPRESENTAÇÃO

Art. 27. O ressegurador admitido deverá instalar e manter escritório de representação no País, mediante prévia autorização da SUSEP, observado o disposto na presente Resolução.

Art. 28. O escritório a que se refere o artigo anterior deverá ter como objeto a realização das atividades de representação do ressegurador admitido no País e sua denominação será a do ressegurador admitido, acrescida da expressão: "Escritório de Representação no Brasil".

§ 1º Em seus meios de comunicação e publicidade deverá ser feita menção expressa à sua condição de "Escritório de Representação no Brasil".

§ 2º O Escritório de Representação não poderá explorar no País qualquer outro ramo de atividade empresarial, nem subscrever seguros diretos.

Art. 29. O escritório de representação deve manter, permanentemente, representante no Brasil, com plenos poderes para tratar de quaisquer questões e resolvê-las definitivamente, podendo ser demandado.

§ 1º O representante de que trata o caput deste artigo pode acumular a função de procurador do ressegurador admitido, nos termos do inciso IV do art. 8º desta Resolução.

§2º Só depois de arquivado no Registro Público de Empresas Mercantis o instrumento de sua nomeação, poderá o representante entrar em relação com terceiros.

§3º O representante de que trata o caput deste artigo fica sujeito às mesmas exigências, responsabilidades e impedimentos a que estão submetidos os administradores de resseguradoras locais.

§4º As obrigações assumidas pelo representante no Brasil perante as cedentes brasileiras obrigam integralmente o ressegurador admitido.

Art. 30. O escritório de representação poderá manter, permanentemente, um representante-adjunto no Brasil, que substituirá, para todos os fins, o representante em caso de seu impedimento, ficando o mesmo sujeito aos mesmos requisitos impostos ao Representante titular.

Art. 31. A abertura e o encerramento de dependências em outras unidades da Federação deverá ser comunicada à SUSEP, na forma por ela estabelecida.

Art. 32. O encerramento de atividades do escritório de representação no território brasileiro fica sujeito às normas do CNSP que dispõem sobre cancelamento e suspensão da autorização para funcionamento das sociedades supervisionadas pela SUSEP.

Parágrafo único. O cancelamento do cadastro do ressegurador admitido, a pedido ou por imposição da SUSEP, implicará o encerramento das atividades do escritório de representação nos termos definidos no caput deste artigo.

CAPÍTULO VIII

DOS CONTRATOS

Art. 33. Os contratos de resseguro deverão incluir cláusula dispondo que, em caso de liquidação da cedente, subsistem as responsabilidades do ressegurador perante a massa liquidanda, limitadas ao montante de resseguro devido sob os termos do contrato de resseguro, independentemente dos pagamentos, indenizações ou benefícios aos segurados, participantes, beneficiários ou assistidos haverem ou não sido realizados pela cedente, ressalvados os casos enquadrados no artigo 34 desta Resolução.

Art. 34. Os resseguradores e os seus retrocessionários não responderão diretamente perante o segurado, participante, beneficiário ou assistido pelo montante assumido em resseguro e em retrocessão, ficando as cedentes que emitiram o contrato integralmente responsáveis por indenizá-los.

Parágrafo único. Nos casos de insolvência, liquidação ou falência da cedente é permitido o pagamento direto ao segurado, participante, beneficiário ou assistido, da parcela de indenização ou benefício correspondente ao resseguro, desde que o pagamento da respectiva parcela não tenha sido realizado ao segurado pela cedente nem pelo ressegurador à cedente, quando:

I — o contrato for facultativo;

II — nos demais casos, se houver cláusula contratual de pagamento direto.

Art. 35. Nos contratos com a intermediação de corretoras de resseguro, não poderão ser incluídas cláusulas que limitem ou restrinjam a relação direta entre as cedentes e os resseguradores, nem se poderão conferir poderes ou faculdades a tais corretoras, além daqueles necessários e próprios ao desempenho de suas atribuições como intermediários independentes na contratação do resseguro.

Art. 36. Nos contratos a que se refere o artigo anterior é obrigatória a inclusão de cláusula de intermediação, definindo se a corretora está ou não autorizada a receber os prêmios de resseguro, ou a coletar o valor correspondente às recuperações de indenizações ou benefícios.

Parágrafo único. Estando a corretora autorizada ao recebimento ou à coleta a que se refere o caput deste artigo, os seguintes procedimentos serão observados:

I — o pagamento do prêmio à corretora libera a cedente de qualquer responsabilidade pelo pagamento devido ao ressegurador; e

II — o pagamento de sinistro à corretora só libera o ressegurador quando efetivamente recebido pela cedente.

Art. 37. A formalização contratual das operações de resseguro deverá se dar em até 180 (cento e oitenta) dias do início da vigência da cobertura, sob pena de esta não ser considerada, para todos os fins e efeitos, desde o seu início.

§1º O disposto no caput deste artigo não exime a cedente de fazer prova junto à SUSEP, da operação de resseguro, a qualquer tempo, se assim lhe for exigido.

§ 2º O aceite do ressegurador ou resseguradores, na proposta de resseguro é prova da cobertura contratada.

§ 3º Do contrato deverão constar a data da proposta, a data do aceite e a data da vigência da cobertura, especificando ainda o local que será usado como referência para a definição de hora de início e término do contrato.

Art. 38. Os contratos de resseguro visando à proteção de riscos situados em território nacional, deverão incluir cláusula determinando a submissão de eventuais disputas à legislação e à jurisdição brasileiras, ressalvados os casos de cláusula de arbitragem, que observarão a legislação em vigor.

Art. 39. Poderá ser prevista a participação do ressegurador na regulação de sinistros, sem prejuízo da responsabilidade da seguradora perante o segurado.

Art. 40. Sem prejuízo das cláusulas mencionadas neste Capítulo, as cláusulas dos contratos de resseguro serão livremente estabelecidas entre as partes contratantes devendo, contudo, serem previstos dispositivos estabelecendo:

I — o início e término dos direitos e obrigações de cada parte, prevendo inclusive como cessarão estas responsabilidades nos casos de cancelamento;
II — os critérios para o cancelamento;
III — os riscos cobertos e os riscos excluídos; e
IV — o período de cobertura, identificando o início de responsabilidade do ressegurador e o exato momento em que as perdas encontram cobertura no contrato.

Art. 41. As cedentes e os resseguradores locais deverão manter o efetivo controle dos contratos realizados, da sua carteira de riscos cedida e/ou aceita, conforme o caso, dos intermediários, dos prêmios estimados e efetivos, das recuperações de sinistros, bem como de outras informações relevantes, mantendo-as à disposição da SUSEP.

Parágrafo único. As demandas judiciais ou procedimentos de arbitragem relativos ao pagamento de sinistros recusados pelo ressegurador devem ser comunicados à SUSEP, dentro do prazo de 30 (trinta) dias contados da data da sua instauração.

CAPÍTULO IX

DISPOSIÇÕES FINAIS

Art. 42. Ressalvadas as situações previstas na presente Resolução, as importâncias seguradas, prêmios, indenizações e todos os demais valores relativos às operações de resseguros e retrocessão serão expressos em moeda corrente nacional — Real (R$).

Art. 43. Toda documentação pública ou privada exigida pela SUSEP, oriunda de outro País, deverá ser devidamente consularizada, salvo documentos provenientes de países com os quais o Brasil tenha celebrado acordo internacional, e estar acompanhada, quando redigida em outro idioma, de tradução ao português, realizada por tradutor público juramentado, na forma da legislação vigente, ressalvada manifestação contrária e expressa da SUSEP.

Art. 44. A SUSEP poderá, a qualquer tempo, realizar inspeções *in loco*, bem como exigir das cedentes, das corretoras de resseguro e dos escritórios de representação, a prestação de informações e a apresentação de documentos que julgar necessários para o exercício de suas funções de controle e fiscalização.

Art. 45. A SUSEP manterá e divulgará cadastro de resseguradores locais, admitidos e eventuais, bem como de corretoras de resseguro.

Art. 46. As normas contábeis aplicáveis às operações de resseguro serão editadas pela SUSEP.

Art. 47. A SUSEP fica autorizada a expedir as normas complementares necessárias à implementação do disposto nesta Resolução.

Art. 48. As cessões de resseguro e de retrocessão firmadas em data anterior à entrada em vigor desta Resolução deverão se adaptar à presente norma quando de sua renovação.

Art. 49. O IRB-Brasil Resseguros S.A fica autorizado a continuar exercendo suas atividades de resseguro e de retrocessão, sem qualquer solução de continuidade, independentemente de requerimento e autorização governamental, qualificando-se como ressegurador local e terá o prazo de 180 (cento e oitenta) dias, a contar da data de entrada em vigor desta Resolução, para se adaptar ao disposto nesta Norma.

Art. 50. Os resseguradores interessados no requerimento de autorização para funcionamento como ressegurador local ou no cadastramento como resseguradores admitidos ou eventuais, na forma do Capítulo III, poderão fazê-lo a partir da data de publicação desta Resolução.

Art. 51. Esta Resolução entra em vigor no prazo de cento e vinte dias, após a sua publicação.

Impresso em offset nas oficinas da
FOLHA CARIOCA EDITORA LTDA.
Rua João Cardoso, 23 – Tel.: 2253-2073
Fax.: 2233-5306 – Rio de Janeiro – RJ – CEP 20220-060